New Collection 17

중학교 영어로 다시 읽는 세계명작
피터 팬

Peter Pan

James Matthew Barrie 원작
넥서스콘텐츠개발팀 엮음

넥서스

중학교 영어로 다시 읽는 세계명작
New Collection 17
피터 팬

원　작 James Matthew Barrie
엮은이 넥서스콘텐츠개발팀
펴낸이 안용백
펴낸곳 (주)넥서스

초판 1쇄 인쇄 2012년 5월 31일
초판 1쇄 발행 2012년 6월 10일

출판신고 1992년 4월 3일 제311-2002-2호
121-840 서울시 마포구 서교동 394-2
Tel (02)330-5500 Fax (02)330-5555

ISBN　978-89-5994-374-6　14740
ISBN　978-89-5797-467-4　14740 (세트)

저자와 출판사의 허락없이 내용의 일부를
인용하거나 발췌하는 것을 금합니다.

가격은 뒤표지에 있습니다.
잘못 만들어진 책은 구입처에서 바꾸어 드립니다.

www.nexusbook.com

머 리 말

어릴 적 즐겨 읽었던 『이상한 나라의 앨리스』나 『작은 아씨들』을 이제 영어로 만나 보세요. 지난날 우리들을 설레게 했던 명작들을 영어로 읽어봄으로써, 우리말로는 느끼지 못했던 또 다른 재미와 감동을 느낄 수 있습니다. 또한 친숙한 이야기를 영어로 바꿔 읽는 것은 그 어느 학습 자료보다도 효과적입니다. 자신이 알고 있는 이야기를 떠올리며 앞으로 전개될 내용을 상상하며 읽어 나가면, 낯선 내용을 읽을 때만큼 어렵거나 부담스럽지 않기 때문입니다.

『중학교·고등학교 영어로 다시 읽는 세계명작 시리즈 New Collection』은 기존에 나와 있는 명작 시리즈와는 달리, 소설책을 읽듯 추억과 감동에 빠져들 수 있도록 원서의 느낌을 최대한 살렸습니다. 또한, 영한 대역 스타일을 탈피하여 우리말 번역을 권말에 배치함으로써 독자 여러분이 스스로 이야기를 이해하는 연습을 할 수 있도록 하였습니다. 더불어 원어민 성우들이 정확한 발음과 풍부한 감성으로 녹음한 MP3 파일은 눈과 귀로 벅찬 감동을 동시에 경험하며, 최대의 학습 효과를 얻을 수 있도록 제작되었습니다.

'순수하고 가슴 뭉클한 그 무엇'이 절실한 요즘, 주옥같은 세계명작을 다시금 읽으며 잠시나마 마음의 여유를 갖고 영어 소설이 주는 감동에 빠져 보세요.

넥서스콘텐츠개발팀

이 시리즈의 특징

1 읽기 쉬운 영어로 Rewriting
한국인이 가장 좋아하는 세계명작만을 엄선하여, 원문을 최대한 살리면서 중고등학교 수준의 쉬운 영어로 각색하였다. 『중학교 영어로 다시 읽는 세계명작 시리즈 New Collection』은 1,000단어, 『고등학교 영어로 다시 읽는 세계명작 시리즈 New Collection』은 2,000단어 수준으로 각색하고, 어려운 어휘는 별도로 설명하여 사전 없이도 읽을 수 있다.

2 학습 효과를 배가시키는 Summary
각 STORY 및 SCENE이 시작될 때마다 우리말 요약을 제시하여 내용을 추측하면서 읽을 수 있기 때문에, 원서의 부담을 덜면서 더 큰 학습 효과를 얻을 수 있다.

3 학습용 MP3 파일
전문 원어민 성우들의 실감나는 연기가 담긴 MP3 파일을 들으면서, 읽기와 함께 듣기 및 말하기까지 연습할 수 있다.

4 독자를 고려한 최적의 디자인
한 손에 쏙 들어오는 판형, 읽기 편한 서체와 크기 등 독자가 언제 어디서나 오랜 시간 즐겁게 읽을 수 있도록 최상의 편집 체제와 세련된 디자인으로 가독성을 높였다.

추 천 리 딩 가 이 드

step 1 **청해** 들으면서 의미 추측하기
책을 읽기에 앞서 MP3 파일을 들으며 이야기의 내용을 추측해 본다.

step 2 **속독** 빨리 읽으면서 의미 추측하기
STORY 및 SCENE의 영문 제목과 우리말 요약을 읽은 다음, 본문을 읽으면서 혼자 힘으로 뜻을 파악해 본다. 모르는 단어나 문장이 나와도 멈추지 말고 전체적인 흐름을 파악하는 데 주력한다.

step 3 **정독** 정확히 읽으면서 의미 파악하기
어구 풀이와 권말 번역을 참고하면서 정확한 의미를 파악한다.

step 4 **낭독** 소리 내어 읽으면서 소리와 친해지기
단어와 단어가 연결될 때 나타나는 발음 현상과 속도 등에 유의하면서 큰 소리로 또박또박 읽어 본다.

step 5 **섀도잉** 따라 말하면서 회화 연습하기
MP3 파일을 들으며 원어민의 말을 한 박자 늦게 돌림노래 부르듯 따라 말하면서, 속도감과 발음 등 회화에 효과적인 훈련을 한다.

이 시리즈의 구성

우리말 Summary

이야기를 읽기 전에 내용을 짐작해 봄으로써, 편안한 마음으로 읽을 수 있도록 우리말 요약문을 제시하였다. 이를 힌트 삼아 보다 효과적인 내용 이해가 가능할 것이다.

The Tortoise and the Ducks

세상을 구경하고 싶어 하던 거북이가 어느 날 오리들의 도움으로 하늘을 날게 된다.

The Tortoise's shell is his house. He has to carry it on his back all the time, so he can never leave home. This was a punishment from Zeus for being lazy, because he refused to go to Zeus's wedding.

The Tortoise became very sad when

영문

부담스러워 보이지 않고 편안하게 술술 읽히도록 서체와 크기, 간격 등을 최적의 체제로 편집하였다.

he saw other animals move about freely and swiftly. He wanted to see the world like they did, but the house on his back and his short legs made it impossible.

One day the Tortoise told two ducks his sad story.

"We can help you to see the world," said the Ducks. "Bite down hard on this stick with your mouth, and we will fly you high up in the sky so that you can see the world. No matter what happens, do not speak. Or you'll regret it very badly."

The Tortoise was very pleased. He bit down on the stick as hard as he could, and the Ducks took hold of

어구 풀이

이야기를 이해하는 데 도움이 되도록 어려운 어구를 순서대로 정리하였다. 이야기에 사용되는 의미를 우선순위로 하였으나, 2차적 의미가 중요하거나 불규칙 활용을 하는 경우도 함께 다뤄주어, 보다 풍부한 어구 학습이 되도록 배려하였다.

tortoise 거북 shell 등껍질 (껍데기) 거북(따위)의 등딱지 back 등 lazy 게으른 refuse 거절하다, 거부하다 punishment 벌, 형벌 move about 돌아다니다 swiftly 빠르게 bite 이빨로 물다 no matter what ~ 무엇이~ 할지라도 happen 일어나다, 발생하다 regret 후회하다 badly 몹시, 심하게 pleased 기뻐하는 take hold of ~ ~을 꽉 잡다, 쥐다

우리말 번역

문장 구성과 어구의 쓰임을 효율적으로 학습할 수 있도록 직역을 기본으로 하여 번역하였다. 가능하면 번역에 의존하지 말고 영문과 어구만으로 이야기를 이해하도록 하며, 번역은 참고만 하도록 한다.

페이지 표시

영문을 읽다가 해결되지 않는 부분이 있을 때 그에 대응하는 번역 부분을 손쉽게 찾을 수 있도록 해당 영문 페이지의 번호를 표시해 놓았다.

MP3 파일

www.nexusbook.com에서 다운로드

전문 원어민 성우들의 생생한 연기를 귀로 들으며, 바로 옆에서 누군가가 동화책을 읽어주는 것처럼 더욱 흥미롭고 효과적으로 학습할 수 있다.

저자 소개

제임스 매튜 배리(James Matthew Barrie, 1860-1937)는 스코틀랜드에서 태어났다. 그는 에든버러 대학교 시절에 본격적인 문학 수업을 쌓고 문학 비평가로도 활동했다. 졸업 후에는 노팅엄의 「저널」지에서 기자로 있었으며, 2년 후인 1885년에는 런던으로 건너가 자유기고가로 생활했다.

이후 그는 사회적으로 성공적인 삶을 살았는데, 1913년에는 준(準)남작의 칭호를 받았고, 1922년에 메리트 훈장도 수상했다. 또한 1928년에는 작가협회 회장을 지냈고, 1930년에는 에든버러 대학교의 명예총장 자리에까지 오르기도 했다. 하지만 개인적인 삶은 그다지 평탄하지 못하여 어린 시절에 죽은 형과 그로 인해 우울증에 빠진 어머니 때문에 받은 충격이 일생을 따라다녔고, 결혼 생활도 순탄치 못했다.

그의 대표작 「피터 팬」의 주인공 피터는 열두 살에 죽은 형의 모습과 그때부터 정신적 성장이 멈춘 자신의 모습이 투영된 캐릭터였다고 한다. 그의 어머니에 대한 상념 역시 「마거릿 오길비」(1896)와 자신의 자전적 소설인 「감상적인 토미」(1896)에서 나타난다.

이미 「피터 팬」을 발표하기 전부터 극작가로서 명성을 날리고 있던 그는 이 작품에 대한 모든 저작권을 한 아동병원에 유증했다. 말년에는 건강이 급격히 악화된 데다가 심한 우울증까지 앓았다. 1937년 세상을 떠나기 전까지 그가 남긴 다른 작품들로는 「위인 크라이턴」, 「12파운드짜리 구경」, 「유언」, 「친애하는 브루터스」 등이 있다.

작품 소개

「피터 팬」은 저자인 제임스 배리가 영국의 켄싱턴 공원으로 산책을 나갔다가 그에게 큰 위안이 되었던 데이비스 오형제와 그들의 어머니를 만나 우정을 쌓은 것이 계기가 되어 탄생한 작품이다.

원작 「피터 팬」은 어린이들이 읽기에는 다소 버겁다. 아이들이 이해하기 힘든 등장인물의 심리 묘사가 자주 등장하고, 때로는 선과 악의 경계가 모호하기도 하다. 특히 악당인 후크에 대한 묘사는 낭만적이고 고상하기까지 하며 심지어 웬디는 이러한 후크의 모습에 매력을 느끼기도 한다.

그러나 이 작품은 어떠한 동화보다도 동심의 순수성을 강조하고 있으며, 네버랜드라는 미지의 세계로 독자들의 상상력을 자극한다. 하지만 영원히 나이를 먹지 않는 피터의 영원한 동반자인 웬디를 여느 성인들과 다르지 않은 어른으로 성장시켜 등장시킴으로써 무책임한 낭만주의에 빠지는 일을 막았다. 하지만 웬디의 자손들이 영원한 소년 피터 팬을 따라 네버랜드로 모험 여행을 떠나도록 암시함으로써 단순히 나이를 먹지 않는 것과는 또 다른 차원의 영원성을 부여하였다.

「피터 팬」이 전 세계적으로 성공을 거둔 후, 주인공 피터 팬은 독특한 캐릭터로 아동문학에서 자리매김했고, 나이는 먹지만 정신적으로는 아동의 수준에 머물러 있고자 하는 어른들을 가리키는 '피터 팬 신드롬'이라는 용어가 생겨나기도 했다.

Contents

Chapter 01	Peter Breaks Through 피터, 빠져나오다	12
Chapter 02	The Shadow 그림자	22
Chapter 03	Come Away, Come Away! 어서 가자, 어서 가!	37
Chapter 04	The Flight 비행	60
Chapter 05	The Island Comes True 섬이 나타나다	68
Chapter 06	The Little House 작은 집	86
Chapter 07	The Home under the Ground 땅 밑의 집	99
Chapter 08	The Mermaids' Lagoon 인어의 석호	107
Chapter 09	The Never Bird 네버 새	119
Chapter 10	The Happy Home 행복한 집	122
Chapter 11	Wendy's Story 웬디의 이야기	129

Chapter 12	The Children Are Carried Off	141
	아이들을 데려가다	
Chapter 13	Do You Believe in Fairies?	145
	요정을 믿니?	
Chapter 14	The Pirate Ship	158
	해적선	
Chapter 15	"Hook or Me This Time"	168
	"이번에는 후크 아니면 나다"	
Chapter 16	The Return Home	181
	집으로	
Chapter 17	When Wendy Grew Up	188
	웬디가 어른이 되었을 때	

Chapter 01

Peter Breaks Through

달링 부부는 웬디, 존, 마이클,
그리고 보모 노릇을 하는 개 나나와 함께 산다.
웬디는 피터 팬이 가끔 자기들 방에 날아든다고 하고
어느 날 달링 부인은 꿈결에 피터를 본다.

All children, with the exception of* one, grow up. They all find out one day that they will grow up. This is how Wendy found out. One day, when she was two years old, she was playing in a garden. She picked* a flower and took it to her mother.

"Oh!" cried Mrs. Darling, putting her

arms around her baby girl. "Why can't you stay like this forever!"

From then on, Wendy knew that she would soon grow up.

Wendy's mother was a lovely lady with a romantic* mind. Many gentlemen who had been boys when she was a girl realized* simultaneously* that they loved her. They all ran to her house to propose* to her except* Mr. Darling, who took a cab* and arrived first. That is how he got her.

Mr. Darling used to boast* to Wendy that Mrs. Darling not only loved him but respected* him. He was one of those men who know about stocks* and shares.* He often said stocks were up and shares were down in a way that would have made any

---

with the exception of ~은 제외하고 pick 꺾다 romantic 낭만적인
realize 실감하다, 깨닫다 simultaneously 동시에, 일제히 propose
청혼하다 except ~을 제외하고 cab 승객용 마차 boast 자랑하다, 뽐내다
respect 존경하다, 존중하다 stock 주식 share 지분, 배당

woman respect him.

Wendy was Mrs. Darling's first child. Wendy was followed by John, then Michael. Soon, the three of them were often seen going in a row* to Miss Fulsom's Kindergarten* School, accompanied by* their nurse.*

Mr. Darling had a passion for* being exactly* like his neighbors. So, of course, they had a nurse. But they were poor, owing to* the amount of milk the children drank, so this nurse was a prim* Newfoundland* dog called Nana. She proved* to be the most helpful nurse. She was thorough* at bath-time, and was the first to get up during the night if one of the children made the slightest cry.

Naturally,* her kennel* was in the nursery.* She always escorted* the three children to school. There is a waiting room for nurses in the basement* of Miss

Fulsom's school. They sat on chairs, while Nana lay on the floor. That was the only difference. Nana despised* the other nurses' light talk.

No nursery could possibly* have been conducted* more properly.* Mr. Darling knew this, yet he sometimes wondered* uneasily* whether the neighbors talked. After all, he had his reputation* to consider.*

Nana also troubled* Mr. Darling in another way. He sometimes felt that she did not like him. "Don't worry, George, I know she likes you very much," Mrs. Darling would assure* him. Then she

---

in a row 한 줄로 kindergarten 유치원 (be) accompanied by ~을 동반하다 nurse 유모, 보모 have a passion for ~을 매우 좋아하다, ~에 열정을 가지다 exactly 정확히, 틀림없이 owing to ~ 때문에, ~로 인하여 prim 고지식한 Newfoundland 뉴펀들랜드 종(種) 개 prove 입증하다, 증명하다 thorough 철저한, 완전한 naturally 자연히, 당연히 kennel 개집 nursery 아이들 방 escort 호위하다, 에스코트하다 basement 지하층, 지하실 despise 경멸하다, 멸시하다 possibly 혹시, 어쩌면 conduct 행동하다, 처신하다 properly 적당히, 알맞게 wonder ~이 아닐까 생각하다, 이상하게 여기다 uneasily 걱정하여, 거북하게 reputation 평판, 세평 consider 잘 생각하다, 숙고하다 trouble 괴롭히다, 애먹게 하다 assure 안심시키다

would secretly* sign* to the children to be nice to father.

They were the most simple* and happy family until the coming of Peter Pan.

Mrs. Darling first heard of Peter when she overheard* her children talking to each other in bed.

"Who is Peter?" Mrs. Darling asked.

"He is Peter Pan, Mother," answered Wendy.

Thinking back* into her childhood,* Mrs. Darling remembered a Peter Pan who was said to live with the fairies.* There were strange stories about him. For example, when children died, he went part of the way with them so that they would not be frightened.* She had believed in him at the time. But now that she was all grown up she doubted* whether there was any such person.

"Besides, he would be grown up by

now," she said to Wendy.

"Oh no, he isn't grown up," Wendy said. "He is just my size." She meant that he was her size mentally* as well as physically.* She didn't know how she knew, but she was sure of it.

Mrs. Darling, slightly* worried, talked to Mr. Darling.

"Listen to me, darling," he said, smiling. "It is just some nonsense* Nana has been putting into their heads. It is just the sort of idea a dog would have. Don't worry. It will blow over* soon."

But it did not blow over. Soon the troublesome* boy gave Mrs. Darling quite a shock.*

One morning, some leaves had been

---

secretly 비밀히, 내밀히   sign 신호하다, 눈짓하다   simple 수수한
overhear 우연히 듣다   think back 돌이켜 생각해 보다   childhood 어린
시절   fairy 요정   frighten 소스라쳐 놀라게 하다   doubt 의심하다, 수상히
여기다   mentally 정신적으로   physically 신체적으로   slightly 약간, 조금
nonsense 어리석은 생각   blow over 사그라지다   troublesome 성가신,
곤란한   shock 충격, 깜짝 놀람

found on the nursery floor, which were not there when the children went to bed. Mrs. Darling was puzzling over* them.

"It must have been Peter again!" said Wendy, smiling.

"What do you mean, Wendy?" asked Mrs. Darling.

"It's very rude* of him not to wipe* his feet," Wendy said, sighing.* She was a tidy* girl. "I think Peter sometimes comes to the nursery in the night. He sits on the foot of my bed and plays on his pipes.* I don't know how I know, but I just know."

"You talk nonsense, Wendy!" said Mrs. Darling. "No one can come into the house without knocking.*"

"I think he comes in through the window," she said.

"My love, the window is three floors up."

"But the leaves are at the foot of the

window, aren't they, Mother?"

This was true. The leaves had been found very near the window.

Mrs. Darling did not know what to think.

"My child, why didn't you say this before?" cried Mrs. Darling.

"I forgot," said Wendy.

"Surely she must have been dreaming," thought Mrs. Darling.

But what about the leaves? Mrs. Darling examined* them very carefully. She was sure they did not come from any tree that grew in England. Then she let down* a tape* from the window to the pavement.* It was a drop* of thirty feet, without so much as* a spout* to climb up* by.

"She must have been dreaming," she

---

puzzle over ~을 골똘히 생각하다, 머리를 쥐어짜다 rude 버릇없는 wipe 씻다, 닦다 sigh 한숨 쉬다, 탄식하다 tidy 말쑥한, 깔끔한 pipe 피리 knock 노크하다 examine 조사하다, 검사하다 let down ~을 아래로 내리다 tape 납작한 끈 pavement 보도 drop 낙하 거리 so much as ~조차도 spout 홈통, 배수구 climb up 오르다, 기어오르다

thought.

But Wendy had not been dreaming, as the very next night showed.

That night, all the children were once more in bed. It happened* to be Nana's evening off, and Mrs. Darling had bathed* them and sung to them until one by one they fell asleep. All were looking so safe and cozy* that Mrs. Darling smiled at her fears. She sat down quietly by the fire to sew.* Soon, her head nodded* gracefully* and she, too, fell asleep.

While she slept, Mrs. Darling had a dream. She dreamed that a place called Neverland had come too near and that a strange boy had broken through* from it. She was not alarmed,* because she thought she had seen him before in the faces of many women who have no children.

The dream by itself would have only

been a trifle.* While she was dreaming, however, the window of the nursery blew open,* and a boy came in through it. He was accompanied by a small, strange light which darted about* the room like a living thing. The light wakened* Mrs. Darling.

She gave out a cry* when she saw the boy, and somehow* she knew at once that he was Peter Pan. He was a lovely boy, dressed in leaves and the juices that ooze out of* trees. The most fascinating* thing about him was that he still had all his first teeth.* When he saw Mrs. Darling was a grown-up, he gnashed his little teeth* at her.

---

happen 우연히 ~하다, 마침 ~하다 **bathe** 목욕시키다 **cozy** 포근한, 아늑한 **sew** 바느질하다, 꿰매다 **nod** (머리를) 끄덕이다 **gracefully** 우아하게, 품위 있게 **break through** ~에서 빠져나가다, ~을 돌파하다 **alarmed** 겁먹은, 깜짝 놀란 **trifle** 하찮은 것, 사소한 일 **blow open** 열어젖히다 **dart about** 쌩쌩거리다 **waken** 깨우다, 눈뜨게 하다 **give out a cry** 고함을 지르다 **somehow** 어쩐지, 웬일인지 **ooze out of** ~에서 스며 나오다, 새어나오다 **fascinating** 매혹적인, 반하게 만드는 **first tooth** 배냇니, 젖니 **gnash one's teeth** (분노나 유감 등으로) 이를 악물다, 이를 갈다

Chapter 02

The Shadow

나나에게 쫓기던 피터 팬은 그림자를 남기고 도망친다.
달링 부인은 달링 씨에게 피터에 대해 말하지만, 그는 시큰둥하다.
달링 씨는 나나를 쇠사슬로 집 밖에 매어 두고 달링 부인과 외출에 나서는데
그 사이 피터 팬이 아이들 방 창문으로 들어온다.

Mrs. Darling screamed.* The door opened, and Nana, who had returned from her evening out, entered. She growled* and sprang at the boy, who jumped lightly through the window. Mrs. Darling screamed again as she thought he was killed. She ran down into the street to look for the little body, but he was not there. She looked up, but she only saw what she thought was a shooting star.*

She returned to the nursery. Nana had something in her mouth. Mrs. Darling soon realized that it was the strange boy's shadow. As Peter jumped through the window, Nana had closed it quickly. She was too late to catch him, but his shadow had not had time to get out. The window slammed shut* and snapped it off.*

Nana had no doubt* as to what was the best thing to do with this shadow. She hung it out* at the window so that Peter could get it easily without disturbing* the children.

But unfortunately,* Mrs. Darling could not leave it hanging out at the window

---

scream 소리치다, 비명을 지르다 growl 으르렁거리다 shooting star 유성, 별똥별 slam chut 쾅 닫히다, 세게 닫히다 snap off 잡아채어 가다 have no doubt 의심치 않다, 확신하다 hang out ~을 걸다, 걸어 놓다 disturb 방해하다 unfortunately 유감스럽게도, 공교롭게도

for long. It looked like a dirty shirt and lowered* the whole tone* of the house. She thought of showing it to Mr. Darling, but she knew exactly what he would say: "That's what happens when you have a dog for a nurse."

Mrs. Darling decided* to roll* the shadow up and put it away carefully in a drawer* until an opportunity* came for telling her husband. This opportunity came a week later, on a never-to-be-forgotten Friday. These things always happen on a Friday.

"I should have been extra* careful on a Friday," Mrs. Darling used to say afterward to her husband.

"No, no," Mr. Darling used to reply, "I am responsible for* it all."

They used to sit night after night recalling* that fatal* Friday.

"If only I had not accepted* that

invitation* to dinner at No. 27," Mrs. Darling would say.

"If only I had not poured* my medicine* into Nana's bowl,*" Mr. Darling would reply.

"If only I had pretended* to like the medicine," Nana used to say in her head.

Then they would break down* altogether. Nana would say to herself, "It's true, it's true, they should not have had a dog for a nurse." Usually it was Mr. Darling who put the handkerchief* to Nana's eyes.

"That boy!" Mr. Darling would scream, and Nana's bark* would follow. But Mrs. Darling never blamed* Peter. Something told her that she should not call Peter names.*

The three of them would sit there in the empty* nursery, recalling every smallest detail* of that dreadful* evening. It had begun so like a hundred other evenings, with Nana putting on the water for Michael's bath and carrying him to it on her back.

"I won't go to bed," Michael had shouted. "Nana, I'm telling you, I won't be bathed. I won't, I won't!"

Then Mrs. Darling had come in, wearing her white evening gown. She was wearing Wendy's bracelet* on her arm. Wendy loved lending* her bracelet to her mother.

"It was at that moment that I rushed in like* a tornado,* wasn't it?" Mr. Darling would say. Indeed* he had been like a tornado.

Mr. Darling, too, had been dressing for the party. All had gone well with him until he came to his tie.* It is astonishing,* but this man, though he knew about stocks and shares, had no real mastery of* his tie. Now he came rushing into the nursery with the crumpled* little tie in his hand.

"Why, what is the matter, dear?" said Mrs. Darling.

"This tie, it will not tie!" Mr. Darling yelled.* "It will not tie around my neck! I can tie it around the bedpost,* but it just refuses* to be tied around my neck! Unless this tie is around my neck, we can't go out to dinner tonight. And if I can't go out to dinner tonight, I can never go to the office again. And if I don't go to the office again,

---

call ~ names ~을 욕하다 empty 빈 detail 사소한 일 dreadful 무서운, 두려운 bracelet 팔찌 lend 빌려 주다 rush in 안으로 달려들다 tornado 토네이도 indeed 실로, 참으로, 실제로 tie 넥타이 astonishing 놀라운 have no mastery of ~에 숙달해 있지 않다 crumpled 쭈글쭈글한 yell 큰 소리를 지르다, 소리치다 bedpost 침대 기둥 refuse 거부하다

you and I will starve,* and our children will be flung into* the streets."

"Let me try, dear," Mrs. Darling replied. With her pretty hands she tied his tie for him, while the children stood around to see their fate* decided. Some men would have resented* their wives for being able to do it so easily, but Mr. Darling had far too fine a nature* for that. He thanked her carelessly,* at once forgot his rage,* and in another moment was dancing with Michael on his back.

"How wildly we danced!" Mrs. Darling would say, recalling it.

"It was our last dance," Mr. Darling groaned.*

The dance had ended with the appearance of* Nana. Unfortunately, Mr. Darling collided* with her, covering his trousers with hairs. They were not only new trousers, but they were the first pair he had chosen himself. He felt like crying. Of course Mrs. Darling brushed* him, but he began to talk again about what a mistake it is to have a dog for a nurse.

"George, Nana is a treasure,*" Mrs. Darling said.

"No doubt, but I have a strange feeling at times that she thinks of the children as puppies."

"Oh no, I feel sure she knows they have souls.*"

"I wonder," Mr. Darling replied thoughtfully,* "I wonder." This was an opportunity, his wife thought, for telling him about the strange boy. At first he laughed it off,* but he became thoughtful when she showed him the shadow.

---

starve 굶어죽다, 갈망하다 fling into ~에 뛰어들다 fate 운명, 숙명 resent 분개하다 nature 성격 carelessly 부주의하게, 태평하게 rage 격노, 분노 groan 괴로워하다, 불평하다 with the appearance of ~의 등장으로 collide 충돌하다, 부딪치다 brush 솔질하다, 털다 treasure 보물 soul 영혼, 정신 thoughtfully 생각에 잠겨 laugh ~ off ~을 웃어넘기려 하다

"It isn't someone I know," he said, examining the shadow carefully. "But it does look like it belongs to a scoundrel.*"

"We were still discussing* the shadow," Mr. Darling would say, "Just then Nana came in with Michael's medicine. You will never carry the bottle in your mouth again, Nana. It is all my fault."

Michael avoided* the spoon in Nana's mouth. Mr. Darling said severely,* "Be a man, Michael."

"No!" Michael cried. Mrs. Darling left the room to get some chocolate for him. Mr. Darling disapproved.*

"Don't spoil* him, dear," he called after her. "Michael, when I was your age, I took medicine without hesitation.*"

Wendy had said to encourage* Michael, "That medicine you sometimes take, Father, is much nastier,* isn't it?"

"So much nastier," Mr. Darling said

bravely. "I would take it now as an example to you, Michael, if I hadn't lost the bottle."

He had not lost it. He had hidden* it at the top of the wardrobe.* What he did not know was that Liza had found it, and put it back on his washstand.*

"I know where it is, Father," Wendy said, happy that she could be of service.* "I'll bring it," and off she went* before he could stop her.

"John, it's the nastiest stuff,*" he said, shuddering.*

"It will soon be over, Father," John said cheerily,* and then in rushed Wendy with the medicine.

---

scoundrel 악당, 불한당 discuss 의논하다 avoid 피하다 severely 엄하게 disapprove 탐탁찮아 하다, 못마땅해 하다 spoil 응석을 받아 주다 without hesitation 주저하지 않고, 서슴지 않고 encourage ~의 용기를 북돋우다 nasty 역겨운 hide 감추다, 숨기다 wardrobe 양복장, 옷장 washstand 세면대 be of service 도움이 되다 go off 떠나 버리다 stuff 물질, 성분 shudder 몸서리치다, 진저리 치다; 떨림, 전율 cheerily 기분 좋게, 명랑하게

"Michael first," Mr. Darling said.

"Father first," replied Michael.

"It might make me sick, you know," said Mr. Darling.

Wendy was quite puzzled.*

"I thought you would take it quite easily, Father," she said.

"That is not the point,*" said Mr. Darling. "The point is, there is more in my glass than in Michael's spoon. It isn't fair.*"

"Father, I am waiting," said Michael.

"So am I," replied Mr. Darling.

Wendy had a good idea.

"Why don't you both take it at the same time?" she said.

"All right," said Mr. Darling. "Are you ready, Michael?"

Wendy counted* to three, and Michael took his medicine. But Mr. Darling slipped* his behind his back.

"Oh, Father!" the children exclaimed.*

They looked as if they no longer admired him.

"Look here, all of you," said Mr. Darling, as soon as Nana had gone into the bathroom. "I have a great idea. I will pour my medicine into Nana's bowl, and she will drink it, thinking it is milk!"

The children looked at him accusingly* as he poured the medicine into Nana's bowl. They did not dare expose* him when Mrs. Darling and Nana returned.

"Nana, good dog," said Mr. Darling, patting* her, "I have put a little milk into your bowl, Nana."

Nana ran to the medicine, wagging her tail,* and began lapping* it. Then she gave Mr. Darling a sad and angry look, and crept* into her kennel.

---

puzzled 당혹스러운, 어리둥절한 point 요점, 핵심 fair 공평한, 공정한 count 세다 slip 슬며시 놓다 exclaim 외치다 accusingly 비난하듯이 expose 폭로하다 pat 쓰다듬, 어루만지다 wag a tail 꼬리를 흔들다 lap 핥다 creep 기다, 포복하다

Mrs. Darling smelled the bowl.

"Oh, George!" she exclaimed. "It's your medicine!"

"It was only a joke," he said.

Mrs. Darling comforted* her boys, and Wendy hugged* Nana.

"Nana should be kept in the yard," said Mr. Darling as he motioned* for Nana to come to him. "The proper* place for you is the yard. Come, Nana, I'm going to tie you up there right now."

"George," Mrs. Darling whispered, "that boy might come again tonight."

Mr. Darling would not listen. He was determined* to show who was master* of the house. He dragged Nana from the nursery.

In the meantime,* Mrs. Darling had put the children into bed and lit their night-lights.* They could hear Nana barking. John said, "She's barking because he is chaining her up* in the yard."

Wendy was wiser.

"That is not Nana's unhappy bark," said Wendy. "That is her bark when she smells danger."

"Are you sure, Wendy?" said Mrs. Darling.

"Yes."

Mrs. Darling rushed to the window. It was closed tight. She looked out, and the night sky was full of stars.

"Oh, how I wish that I wasn't going to a party tonight!" she cried.

She went from bed to bed and kissed her little ones. Little Michael flung his arms around her.

"Mother," he cried, "I love you." These were the last words she was to hear from

---

comfort 위안하다, 위로하다 hug 꼭 껴안다 motion 몸짓으로 신호하다
proper 적당한, 알맞은 determine 결심시키다 master 주인 in the
meantime 그 사이에, 한편 night-light 야간 등, 취침 등 chain up
쇠사슬로 매다

him for a long time.

No. 27 was only a few yards away. Mr. and Mrs. Darling were already the only people in the street, and all the stars were watching them. The stars were on Peter's side that night, and anxious to* have the grown-ups out of the way. So as soon as the door of No. 27 closed on Mr. and Mrs. Darling, there was a commotion* in the sky. Then the smallest of all the stars in the Milky Way screamed out: "You can go now, Peter!"

Chapter 03

Come Away, Come Away!

웬디가 울고 있는 피터 팬을 발견한다.
웬디는 피터의 그림자를 발에 꿰매어 그에게 돌려준다.
피터는 웬디와 존과 마이클에게 하늘을 나는 법을 가르쳐 주고
요정 팅커 벨과 함께 네버랜드로 향한다.

A few minutes after Mr. and Mrs. Darling left the house, the night-lights by the beds of the three children went out.

But there was now another light in the room. It was a thousand times brighter

---

be anxious to ~하기를 열망하다, 간절히 바라다 commotion 소요, 동요

than the night-lights. At the blink of an eye,* it had been in all the drawers in the nursery, looking for Peter's shadow. It went through* the wardrobe and turned every pocket inside out. It was not really a light. It made this light by flying about so quickly. But when it came to rest for a second every now and then, you could see it was a fairy. It was no bigger than an adult* hand, but still growing. The fairy was a girl called Tinker Bell, dressed in a leaf.

A few seconds after the fairy's entrance,* the window was blown open by the breathing of the little stars. Peter popped in* soon afterward.* He had carried Tinker Bell part of the way, so his hand was still messy* with the fairy dust.*

"Tinker Bell," Peter said softly, after making sure that the children were asleep. "Tink, where are you?"

She was inside a jug. She was enjoying it greatly because she had never been in a jug* before.

"Oh, come out of that jug and tell me," said Peter. "Do you know where they put my shadow?"

The loveliest tinkle* as of golden bells answered him. It is the fairy language.* You ordinary* children can never hear it, but if you were to hear it, you would know that you had heard it once before.

Tink said that the shadow was in the chest* of drawers. Peter jumped at the drawers, scattering* their contents* to the floor with both hands. Soon he found his shadow. And in his delight* he forgot that he had shut Tinker Bell up in the drawer.

---

at the blink of an eye 눈 깜짝할 사이에, 순식간에 go through 샅샅이 조사하다 adult 어른, 성인 entrance 들어감, 입장 pop in 휙 들어오다 afterward 후에, 나중에 messy 지저분한, 너절한 dust 가루 jug 물주전자, 물병 tinkle 딸랑딸랑 하는 소리 language 언어 ordinary 보통의, 평범한 chest 상자, 궤 scatter 흩어지게 만들다 contents 내용물, 안에 든 것 in one's delight 기뻐서

Peter had thought that he and his shadow, when brought near each other, would join* like drops of water. When they did not, he was appalled.* He tried to stick it on* with soap from Wendy's desk, but that also failed. A shudder passed through Peter, and he fell to the floor and cried.

His sobs* woke Wendy. She was not surprised to see a stranger* crying on the nursery floor. She was actually* pleasantly* interested.

"Boy," she said politely,* "why are you crying?"

Peter could also be exceedingly* polite because he had learned manners at fairy ceremonies.* So he rose and bowed* to her beautifully. She was very pleased, and bowed beautifully to him from the bed.

"What's your name?" Peter asked.

"Wendy Moira Angela Darling," she

replied. "What's yours?"

"Peter Pan."

She somehow already knew he must be Peter, but it was a strangely short name.

"Is that it?"

"Yes," he replied rather sharply.* He felt for the first time that his name was short.

"Where do you live?" she asked.

"Second to the right," said Peter. "And then straight* on till morning."

"What a funny address*!"

For the first time he felt that his address was funny.

"No, it isn't," he said.

"Is that what they put on the letters?"

Peter was hoping that she would not

---

join 맞붙이다, 접합하다 appalled 섬뜩한, 간담이 서늘한 stick on ~을 붙이다 sob 흐느낌, 오열; 흐느끼다 stranger 낯선 사람 actually 사실상, 실제로 pleasantly 즐겁게, 유쾌하게 politely 예의 바르게, 정중하게 exceedingly 굉장히, 엄청나게 ceremony 의식 bow 머리를 숙이다, 절하다 sharply 날카롭게, 예민하게 straight 죽, 똑바로 address 주소

mention* letters.

"I don't get any letters," he said.

"Doesn't your mother get letters?"

"I don't have a mother," he said contemptuously.*

"Oh, Peter, no wonder you were crying," she said, and got out of bed and ran to him.

"I wasn't crying about that," he said indignantly.* He thought mothers were overrated.* "I was crying because my shadow won't stick on. Besides, I wasn't really crying."

"Your shadow has come off?"

"Yes."

She looked at the shadow on the floor. She could not help smiling when she saw that he had been trying to stick it on with soap. He was just like any other boy!

"How awful!" she said. "It needs to be sewn on. I will sew it on for you, my little man," she said, though he was as tall as her. She got out her sewing bag and began to sew the shadow onto Peter's foot.

"It might hurt* a little," she warned* him.

"Oh, I won't cry," said Peter. He clenched his teeth* and soon his shadow was back on and behaving* properly.

Peter began jumping around the room happily. He had already forgotten that he owed his happiness to* Wendy. He thought he had attached* the shadow himself.

"How clever I am!" he cried.

Such conceit* was one of his most fascinating qualities.* There never was a cockier* boy than Peter. Wendy was shocked.

---

mention 언급하다   contemptuously 못마땅하다는 듯이   indignantly 분개하여   overrated 과대평가된   hurt 다치게 하다, 아프게 하다   warn 경고하다   clench one's teeth 이를 꽉 물다   behave 움직이다, 행동하다   owe A to B A는 B의 덕분이다, A를 B에게 빚지다   attach 붙이다   conceit 자만, 자부심   quality 특성, 특질   cocky 잘난 체하는, 건방진

"And of course, I did nothing!" Wendy exclaimed.

"You helped a little," Peter said carelessly, and continued to dance.

"A little!" she said proudly. "If I am of no use, I will go back to sleep." She sprang in the most dignified* way into bed and covered her face with the blankets.*

Peter went and sat on the end of her bed and tapped* her gently with his foot.

"Wendy, please don't be angry," he said. "I can't help crowing* when I'm pleased with myself. And besides, one girl is of more use* than twenty boys."

Wendy peeped* out of the blankets.

"Do you really think so, Peter?"

"Yes, I do."

"That is very sweet of you," she said. "I'll get up again." She got up and sat with him on the side of the bed. She told him she would give him a kiss if he liked, but Peter did not know what a kiss was. He held out his hand expectantly.*

"You don't know what a kiss is?" she asked, surprised.

"I will know when you give it to me," he replied stiffly.* She did not want to hurt his feelings, so she put a thimble* in his hand.

"Now shall I give you a kiss?" he said.

"If you want," she replied.

She leaned* her face toward him, but he merely* dropped an acorn* button into her hand.

"Thank you, Peter," she said. "I will wear your kiss on the chain around my neck."

It was lucky that she did put it on that chain, as it later saved her life.

"How old are you, Peter?" asked Wendy.

---

dignified 기품 있는 **blanket** 담요, 모포 **tap** 가볍게 두드리다 **crow** 마구 자랑하다 **of use** 유용한, 쓸모 있는 **peep** 엿보다 **expectantly** 기대하여, 예기하여 **stiffly** 딱딱하게, 뻣뻣하게 **thimble** 골무 **lean** 기울게 하다 **merely** 단지 (~일 뿐) **acorn** 도토리

"I don't know," he replied uneasily. "I am quite young. I ran away from home the day I was born."

"Why did you do that?"

"It was because I heard Father and Mother talking about what I was to be when I became a man. I don't ever want to be a man. I want to be a little boy forever* and to have fun. So I ran away to Kensington Gardens and lived there for a long, long time with the fairies."

Wendy had lived such a home life that to know fairies struck her as* very delightful.* She poured out questions about them. Peter was surprised, because to him fairies were quite a nuisance.* They always got in his way.* Still, he generally* liked them, and he told her about the beginning of fairies.

"You see, Wendy, when the first baby laughed for the very first time, its laugh broke into a thousand pieces. They all went skipping about,* and that was the beginning of fairies. There should be one fairy for every boy and girl in the world."

"Should be? Do you mean there isn't?"

"No. You see, every time a child says, 'I don't believe in fairies,' a fairy somewhere dies."

Peter suddenly realized that Tinker Bell was keeping very quiet.

"Where could she be?" he said, rising, and he called Tink by name. Wendy was thrilled.*

"Peter," she said, "do you mean there is a fairy in this room?"

"She was here just now," he said. "Can you hear her?"

"I don't know," said Wendy. "The only

---

forever 영원히   strike A as B A가 B하다는 인상을 주다   delightful 매우 기쁜, 즐거운   nuisance 성가신 존재   get in one's way ~을 방해하다   generally 대체로, 일반적으로   skip about 깡충깡충 뛰어다니다   thrilled 흥분한, 감격한

sound I hear is like a tinkle of bells."

"Well, that's Tink. That's the fairy language. I think I can hear her as well."

The sound came from the chest of drawers, and Peter made a merry* face. No one could ever look quite as merry as Peter.

"Wendy," he whispered gleefully,* "I think I shut her up in the drawer!"

He let poor Tinker Bell out of the drawer, and she flew around the nursery screaming with fury.*

"Don't say such things," Peter said. "I'm very sorry, but how could I know you were in the drawer?"

"Oh, Peter," Wendy cried, "if she would only stand still so I could see her!"

"They hardly ever stand still," he said.

Tinker Bell came to rest on the cuckoo clock for a few seconds.

"Oh, how lovely she is!" Wendy

cried, though Tinker Bell's face was still distorted* with anger.

"Tink," said Peter affectionately,* "this lady says she wishes you were her fairy."

Tinker Bell answered insolently.*

"What did she say, Peter?" asked Wendy.

"She is not very polite. She says you are a big, ugly girl, and that she is my fairy." He turned to Tinker Bell. "You know you can't be my fairy, Tink, because I am a gentleman and you are a lady."

Tinker Bell disappeared* angrily into the bathroom.

"She is quite a common* fairy," Peter explained.* "Her name is Tinker Bell because she mends* the pots* and kettles.*

---

merry 즐거운, 명랑한 gleefully 즐겁게 fury 격노, 분노 distort 비틀다, 일그러뜨리다 affectionately 다정하게, 애정을 담아 insolently 건방지게 disappear 사라지다 common 평범한, 흔한 explain 설명하다 mend 고치다, 수리하다 pot 항아리, 단지 kettle 주전자

Wendy still had more questions for Peter.

"Do you still live in Kensington Gardens?"

"Sometimes. But I usually live with the lost boys."

"Who are they?"

"They are the children who fall out of their baby carriages* when the nurse is looking the other way.* If they are not claimed* in seven days, they are sent far away to the Neverland. I'm their captain.*"

"What fun that must be!"

"Yes," said Peter. "But we are rather lonely.* We have no female* companionship.*"

"Are there no girls there?"

"No. Girls are too clever to fall out of their baby carriages," said Peter cunningly.*

Wendy was flattered.*

"It is so sweet how you talk about girls," she said. "If you want, you can give me a kiss." She had momentarily* forgotten his ignorance* about kisses.

"I thought you would want it back," he said a little bitterly,* offering to return her the thimble.

"Oh dear!" said Wendy. "I don't mean a kiss, I mean a thimble."

"What's a thimble?"

"It's like this."

She kissed him.

"That's funny!" said Peter gravely.* "Now shall I give you a thimble?"

"If you want to," said Wendy.

Peter 'thimbled' her, and almost immediately* she screeched.*

---

baby carriage 유모차 look the other way 고개를 돌리고 있다 claim 권리를 주장하다 captain 대장, 우두머리 lonely 외로운, 고독한 female 여성의, 여자의 companionship 우정 cunningly 교활하게, 노련하게 flattered 우쭐해진 momentarily 잠시, 잠깐 ignorance 무지, 무식 bitterly 비통하게, 씁쓸하게 gravely 근엄하게, 진지하게 immediately 곧, 즉각 screech 귀에 거슬리는 소리를 내다; 귀에 거슬리는 소리

"What is it, Wendy?"

"I thought someone was pulling my hair."

"That must have been Tink. She's never been so naughty* before."

And indeed Tinker Bell was darting about again, using offensive* language.

"She says she will do that to you every time I give you a thimble," said Peter.

"Why?"

"Why, Tink?"

Again Tinker Bell disappeared angrily into the bathroom. Peter could not understand why, but Wendy understood. She was also slightly disappointed* when Peter told her that he came to the nursery window not to see her but to listen to stories.

"You see, I don't know any stories," he explained. "None of the lost boys knows any stories. Oh, Wendy, your mother knows so many wonderful stories."

"I know lots of stories too."

Those were her exact words, so there can be no denying* that it was she who first tempted* him.

Peter suddenly grabbed her by the arm* and began to pull her toward the window.

"Let me go!" she said.

"Wendy, come with me and tell the stories to the other boys."

"Oh dear, I would love to, but I can't. Think of mummy! Besides, I can't fly."

"I'll teach you."

"Oh, how lovely it would be to fly!"

"And, Wendy, you can meet mermaids.*"

"Oh!"

"Wendy, we would all respect you so much," said Peter, becoming frightfully*

---

naughty 버릇없는, 못된   offensive 공격적인   disappointed 실망한
deny 부인하다   tempt 꾀다, 부추기다   grab ~ by the arm ~의 팔을 붙잡다
mermaid 인어   frightfully 무서울 정도로, 몹시

cunning. "And you could tuck us in* at night. None of us has ever been tucked in at night."

"Oh!" she said and put her arms around him.

"And you could wash our clothes, and make pockets for us."

There was no way Wendy could resist.*

"Peter, would you teach John and Michael to fly too?"

"If you like," he said indifferently.*

Wendy ran to John and Michael and shook* them.

"Wake up!" she cried. "Peter Pan has come and he is going to teach us to fly."

John rubbed* his eyes. "Hello. I am up!" he said.

Michael was also up by this time, but Peter suddenly signed* silence.* There was only silence. Nana, who had been barking distressfully* all evening, was now quiet.

"Turn off the light! Hide! Quick!" cried John. When Liza entered, holding Nana, the nursery was dark and quiet.

Having made sure that everything in the house was the way it should be, Liza tied the unhappy dog up again. Nana, however, instinctively* knew that something was going on in the nursery. So she pulled and pulled at the chain until at last she broke it. She ran to No. 27 and burst into its dining room. She then flung up* her paws* to heaven.* Mr. and Mrs. Darling knew immediately that something terrible* was happening in their nursery. So they rushed into the street without saying goodbye to their hostess.

But ten minutes had passed since three scoundrels had been pretending to sleep.

tuck in 이불을 덮어 주다 resist 저항하다 indifferently 무심하게 shake 흔들다, 잡아 흔들다 rub 비비다, 문지르다 sign 신호하다, 눈짓하다 silence 침묵, 무언 distressfully 괴롭게, 비참하게 instinctively 본능적으로 fling up 들어 올리다 paw 앞발 heaven 하늘 terrible 끔찍한

And Peter Pan can do a great deal in ten minutes.

We now return to the nursery.

"It's all right now," John announced,* emerging* from his hiding place. "Peter, can you really fly?"

Instead of* troubling to answer him, Peter flew around the room.

"How sweet!" said John and Michael.

Peter made it look very easy. The others tried it first from the floor and then from the beds, but they always went down instead of up.

"How do you do it?" asked John.

"You just think of lovely, wonderful things," Peter explained, "and they lift you up* in the air."

Of course Peter was fooling around* with them, for no one could fly unless the fairy dust has been blown on him. Fortunately, he still had fairy dust on his hands. He blew some on each of them.

"Now just wiggle* your shoulders like this," he said, "and fly."

Michael went first. He jumped off his bed and flew across the room.

"I flew!" he screamed.

John and Wendy soon joined him.

"Oh, how lovely!" Wendy cried, flying across the room.

Wendy and her brothers could not fly quite so elegantly as Peter. Peter gave Wendy a hand at first, but he had to stop because of Tinker Bell's indignant complaints.*

"Why don't we all go out?" said John.

Of course, this had been Peter's plan all along.*

Michael agreed.* He wanted to see how

---

announce 알리다, 발표하다   emerge 나오다, 나타나다   instead of ~ 대신에   lift up 들어 올리다   fool around 갖고 놀다, 장난치다   wiggle 꼼지락거리다   complaint 불평, 불만   all along 처음부터, 내내   agree 동의하다

long it took him to fly a billion* miles. But Wendy hesitated.*

"Remember, Wendy. We can go and see mermaids!" said Peter again.

"Oh!"

"And there are pirates.*"

"Pirates!" cried John, grabbing his Sunday hat. "Let's go right now!"

It was just at this moment that Mr. and Mrs. Darling and Nana looked up at the nursery window from the street. To their surprise,* they saw four little figures circling around* and around in the air.

They were running up the stairs* to their door when once again the stars blew the window open. They had been watching everything carefully.

"Now, Peter!" cried the smallest star.

Peter knew that there was not a moment to lose.

"Come!" he cried. He soared* out at

once* into the night, followed by John and Michael and Wendy.

---

billion 10억 **hesitate** 주저하다, 머뭇거리다 **pirate** 해적 **to one's surprise** 놀랍게도 **circle around** ~ 주위를 선회하다, 돌다 **stairs** 계단, 층계 **soar** 높이 치솟다, 날아오르다 **at once** 즉시

The Flight

웬디와 아이들은 피터와 팅커 벨을 따라 네버랜드로 향한다.
일주일을 꼬박 하늘을 난 후에
드디어 어둠 속에서 네버랜드가 드러나기 시작한다.
그런데 해적들이 장거리포를 쏘는 바람에 그들은 뿔뿔이 흩어진다.

"Second to the right, and straight on till morning."

That, Peter had told Wendy, was the way to the Neverland. But no one could find the Neverland with these instructions.* Peter always just said anything that came into his head.*

They flew across seas and mountains for two whole days and nights, flying down to pick food every now and then.* But Peter could go so much faster than them. So he would often suddenly shoot out of sight to have some adventure in which they had no share. He would come down laughing over something funny he had been saying to a star, but he could never remember what it was. Sometimes he would come up with* mermaid scales* still sticking to him, and yet not be able to say for certain what had been happening. It was really rather irritating* to children who had never met a mermaid.

"And if you forget them so quickly, how can we be sure that you will go on remembering us?" Wendy once said.

---

instructions 명령, 지시 come into one's head 머리에 떠오르다 every now and then 때때로, 이따금 come up with ~에 따라잡다 scale 비늘 irritating 짜증나는

"Wendy," he replied, "if you see me forgetting you, just keep on saying 'I'm Wendy,' and then I'll remember."

After more than a week of flying across the sky, they finally drew near* the Neverland. What is more,* neither Peter nor Tinker Bell had been guiding* Wendy and John and Michael. In fact, they had been flying in a straight line. This was because one does not find the Neverland; it finds you. It is only thus that anyone can ever go to the Neverland.

"There it is," said Peter.

"Where, where?" asked Wendy.

"There, where all the arrows are pointing."

A million golden* arrows were pointing it out to the children, all directed by their friend the sun.

Strangely, Wendy and John and Michael all recognized* the Neverland at once. They were all happy to see the beautiful island, but this was not to last long. Soon the golden arrows disappeared and the island looked quite gloomy* in the dark. They huddled* close to Peter as they flew low across the island.

"They don't want us to land,*" explained Peter.

"Who are they?" Wendy whispered, shaking.

Peter could not or would not say. Tinker Bell had been asleep on his shoulder, and now he wakened her and sent her on* in front.*

"There's a pirate asleep in the pampas* just beneath* us," Peter whispered in a low voice. "If you like, we'll go down and kill

---

draw near 가까워지다 what is more 더욱이 guide 안내하다, 인도하다
golden 황금(빛)의 recognize 인지하다, 알아보다 gloomy 음침한, 음울한
huddle 옹기종기 모이다 land 착륙하다, 착지하다 send on ~을 미리 보내다
in front 선두로 pampas 남미의 대초원 beneath ~의 바로 밑에

him."

"Do you kill many pirates?" asked John.

"Tons."

"Who is the captain of the pirates?"

"Hook," replied Peter. His face became very stern* as he said that hated word.

"James Hook?"

Michael began to cry, and even John's eyes welled up,* for somehow they knew Hook's reputation.

"Is he as big as they say he is?" asked John.

"He is not as big as he used to be."

"What do you mean?"

"I cut off his right hand."

"What! Can he still fight?"

"Yes. He has an iron* hook* instead of a right hand, and he claws* with it. And there is one thing that every boy who serves* under me has to promise, and so must you."

John turned pale.*

"What is it, Peter?"

"If we meet Hook in a fight, you must leave him to me."

"I promise," John said loyally.*

At that moment, Tinker Bell landed on Peter's shoulder and whispered something in his ear.

"She tells me that the pirates saw us before the darkness came," Peter said, "and got Long Tom* out."

"The big gun?" said John.

"Yes. And they can see us because of Tinker Bell's light. If only one of us had a pocket, we could carry her in it."

"I have an idea!" cried John. "Why don't we carry her in my hat?"

Tink agreed to travel inside the hat,

---

stern 무서운, 엄한   well up 북받치다   iron 철, 쇠   hook 갈고리   claw 할퀴다   serve 봉사하다, 섬기다   pale 창백한   loyally 충심으로   Long Tom 대형 야포, 장거리포

and Wendy carried it in her hands. They flew on in silence. Michael dreaded* the lonely* silence.

"If only something would make a sound!" he said.

As if in answer to his request,* the air shook with the most tremendous* crash* he had ever heard. The pirates had fired* Long Tom at them.

When at last there was silence again, John and Michael found themselves alone in the darkness.

"Are you shot?" John whispered anxiously.

"No," Michael whispered back.

No one had been hit, but Peter had been carried by the wind of the shot far out to sea, while Wendy was blown upwards with no companion but Tinker Bell.

Tinker Bell suddenly popped out of the hat and began to lure* Wendy to her destruction.* She was not a bad fairy, but fairies have room* for only one feeling at a time because they are so small. And at the moment, she was full of jealousy* toward Wendy.

Tinker Bell flew around Wendy and said things to her in her fairy language. Of course, Wendy could not understand what Tinker Bell was saying, but she knew that it was something along the lines of "Follow me."

Wendy, oblivious* of the fact that Tinker Bell hated her with the fierce* hatred of a woman, followed her to her doom.*

---

dread 두려워하다, 무서워하다 lonely 쓸쓸한, 고독한 request 요구, 요청 tremendous 굉장한 crash 굉음, 쾅 fire 발사하다, 발포하다 lure 유혹하다, 꾀어내다 destruction 파멸, 죽음 room 여지 jealousy 질투 oblivious 의식하지 못하는 fierce 격렬한, 맹렬한 doom 죽음, 나쁜 운명

Chapter 05

The Island Comes True

섬에서는 길 잃은 소년들이 피터 팬을 기다린다.
그리고 아이들의 거처를 알아내고자 하는 해적 선장 후크도 있다.
그런데 웬디를 시기하는 팅커 벨의 장난으로
투틀즈가 웬디에게 화살을 쏘는 일이 발생한다.

Feeling that Peter was on his way back, the Neverland had again come to life.* In his absence,* things are usually quiet on the island. The fairies sleep an extra* hour in the morning, the beasts* attend* to their young, the redskins* feed* heavily for six days and nights. And when pirates

and lost boys meet, they merely sneer at*
each other. But Peter hates lethargy.* So if
you put your ear to the ground now, you
would hear the whole island seething with
life.*

On this particular* evening, the
lost boys were out looking for Peter.
Meanwhile,* the pirates were out looking
for the lost boys, the redskins were out
looking for the pirates, and the beasts were
out looking for the redskins. They moved
around and around the island, but they
did not meet because all were going at the
same rate.*

The boys were out tonight to greet*
their captain. The boys on the island
vary* in numbers, as they get killed and

---

come to life 소생하다, 활기를 띠다   absence 부재   extra 여분의, 추가의
beast 짐승, 동물   attend 돌보다   redskin 인디언   feed 식사를 하다
sneer at ~을 비웃다, 냉소하다   lethargy 무기력한 상태   seethe with life
생기로 끓어넘치다   particular 특별한, 특수한   meanwhile 그동안   rate 속도
greet 환영하다, 맞이하다   vary 변화하다, 달라지다

new ones are admitted* and so on. If any of them seem to be growing up, which is against the rules, Peter throws them out.* At this time, there were six of them, counting the twins* as two. Let us now watch the boys as they move in single file,* each with his hand on his dagger.*

They are forbidden* by Peter to look like him. They wear the skins* of the bears they have killed. The first to pass was Tootles, not the least brave but the most unfortunate* of the group. He had been in fewer adventures than the others, because the big things constantly happened just when he stepped around the corner. This bad luck had made him the humblest* of the boys.

Next comes Nibs, the happy and merry, followed by Slightly, who makes whistles* out of woods and dances ecstatically* to his own tunes.* Slightly is the most conceited* of the lost boys. He believes he remembers the days before he was lost, with their manners and customs.* Curly is the fourth in the line; he is the troublemaker* of the lot.* Last come the Twins, who cannot be described* because one would be sure to be describing the wrong one.

The boys vanish* in the gloom,* and after a pause,* come the pirates on their track.* We hear them before they are seen, and they always sing the same dreadful* song:

"Stop, stop, yo ho, lift,
We're going pirating now,
And if we're parted by a shot
We're sure to meet below!"

admit 받아들이다 throw out 내쫓다, 몰아내다 twin 쌍둥이 in single file 일렬종(횡)대로 dagger 단도, 단검 forbid 금하다 skin 가죽, 피혁 unfortunate 불운한, 불행한 humble 검손한, 겸허한 whistle 호루라기 ecstatically 무아지경으로 tune 곡조, 곡 conceited 자부심이 강한 custom 관습 troublemaker 말썽꾸러기 lot 많음, 다수 describe 묘사하다, 설명하다 vanish 사라지다, 없어지다 gloom 어둠, 암흑 after a pause 잠시 후에 track 지나간 자취 dreadful 두려운, 무시무시한

The most wicked*-looking lot stood in a row on execution dock.* Here, a little in advance,* was the handsome Italian Cecco. Behind him stood Bill Jukes, every inch of him tattooed,* and Cookson, said to be Black Murphy's brother. Behind him was Gentleman Starkey, dainty* in his ways of killing, and Skylights. There was also the Irish boatswain* Smee, an oddly* genial* man who stabbed* kindly. He was the only nonconformist* in Hook's crew.* Then there was Noodler, whose hands were fixed on backward, and Mullins and Alf Mason, and many other villains* long known and feared on the Spanish Main.*

In the middle of the fierce pack,* the blackest and largest in that dark setting, was James Hook. He lay at his ease* in a rough* chariot* drawn and pushed by his men. Instead of a right hand, he had an iron hook. This terrible man treated* them like dogs, and they obeyed* him. He was very dark, and his hair was dressed in long curls. There was a singularly* threatening* expression* in his handsome face. His eyes were of melancholic* blue.

There was something grand* in his manner. He was a man of indomitable* courage. It was said that the only thing he shied at* was the sight* of his own blood.* He dressed somewhat* similarly* to Charles II. In his mouth he always carried a pipe, something that he had made himself. But undoubtedly* the most horrific* part of him was his iron claw.

---

wicked 사악한 **execution dock** (해적들의) 처형대 **in advance** 전방에, 앞에 **tattoo** 문신하다 **dainty** 멋스러운, 우아한 **boatswain** 갑판장, 수부장 **oddly** 기묘하게 **genial** 정다운, 상냥한 **stab** 찌르다, 찔러 죽이다 **nonconformist** 비국교도 **crew** 승무원 전원, 패거리 **villain** 범죄자, 악한 **the Spanish Main** 카리브 해 **pack** 일당, 무리 **at one's ease** 마음 편하게, 여유 있게 **rough** 기본 뼈대만 갖춘, 대충 만든 **chariot** (전투, 경주용) 전차 **treat** 다루다, 취급하다 **obey** 복종하다, 순종하다 **singularly** 특이하게; 아주, 몹시 **threatening** 위협적인 **expression** 표정 **melancholic** 우수를 자아내는, 우울한 **grand** 위엄 있는, 당당한 **indomitable** 굴복하지 않는, 불굴의 **shy at** ~을 보고[듣고] 겁을 먹다, 주춤하다 **sight** 광경, 풍경 **blood** 피 **somewhat** 얼마간, 약간 **similarly** 유사하게, 비슷하게 **undoubtedly** 의심할 여지없이, 확실히 **horrific** 무서운, 소름끼치는

Let us now kill a pirate, to show how cruel* Hook is. Skylights will do. As they pass, Skylights accidentally* lurches* against him, ruffling* his lace collar. The iron claw shoots* forth,* there is a tearing* sound and one screech. Then Skylight's dead body is kicked aside. The pirates pass on. Hook has not even taken the cigars from his mouth.

On the trail of the pirates come the redskins, every one of them with his eyes peeled.* They carry tomahawks* and knives, and their naked* bodies gleam* with paint and oil. They also carry scalps of boys as well as of pirates, for they are the Piccaninny tribe. Leading them, on all fours, is Great Big Little Panther. He is a brave with so many scalps* that in his present position they somewhat impede* his progress.* At the rear* comes Tiger Lily, a princess in her own right.* She is the most beautiful of dusky* Dianas* and the belle* of the Piccaninnies. Now the redskins pass over fallen twigs* without making the slightest noise.

The redskins disappear as silently as they have come. Soon, their place is taken by the beasts. It is a great and motley* procession*: lions, tigers, bears, and the innumerable* smaller savage* things that flee* from them. Their tongues* are hanging out because they are hungry tonight.

When they pass, comes the last of them all, a gigantic* crocodile.* We will soon see

---

cruel 잔혹한, 잔인한 accidentally 우연히, 뜻하지 않게 lurch 비틀거리다, 휘청하다 ruffle 구기다 shoot 뻗치다, 내밀다 forth 앞으로, 전방으로 tearing 찢는, 쥐어뜯는 with one's eyes peeled 빈틈없이 경계하며 tomahawk 작은 손도끼 naked 벌거숭이의, 나체의 gleam 어슴푸레 빛나다 scalp 머리 가죽, 두피 impede 지연시키다, 방해하다 progress 전진, 진행 rear 뒤, 후방 in one's own right 자기의 명의로, 자기의 정당한 권리로 dusky 거무스름한, 검은 Diana 여자 사냥꾼 belle 미인 twig 잔가지 motley 잡다한, 다양한 procession 행렬 innumerable 셀 수 없이 많은, 무수한 savage 잔인한, 포악한 flee 달아나다, 도망치다 tongue 혀 gigantic 거대한 crocodile 악어

who he is looking for.

The crocodile passes, but soon the boys appear again. The procession must continue indefinitely* until one of the groups stops or changes its pace. Then they will instantly* be on top of each other.

The first group to fall out of the moving circle was the boys. They stopped and sat down on the ground close to their underground* home.

"I wish Peter would come back soon," every one of them said nervously,* despite* all being taller and bigger than their captain.

"I wish he would come back," said Slightly, "and tell us whether he has heard anything more about Cinderella."

The boys talked of Cinderella, and Tootles was confident* that his mother must have been very like her. It was only in Peter's absence that the boys could speak of mothers.

While they talked, they heard a distant sound. It was the grim* song:

"Yo ho, yo ho, the pirate life,
The flag of skull* and bones,
A merry hour, a hempen rope,*
And hey for Davy Jones."

The lost boys disappeared in the blink of an eye.

With the exception of Nibs, who had darted away to look around, they had all retreated* to their home under the ground. It was a very delightful place. But how did they reach it? There was no entrance to be seen. Look closely, however, and one could see that there were seven large trees, each with a hole in its hollow* trunk*

---

indefinitely 무기한으로 instantly 즉시로, 즉석에서 underground 지하의 nervously 초조하게 despite ~에도 불구하고 confident 확신하는, 자신감 있는 grim 암울한, 음산한 skull 두개골, 해골 hempen rope 교수형을 집행할 때 쓰는 밧줄 retreat 물러가다, 퇴각하다 hollow 속이 빈, 텅 빈 trunk 나무의 몸통

as large as a boy. These were the seven entrances to the home under the ground. Hook had been searching for* them in vain* for months.

As the pirates advanced,* the quick eye of Starkey caught sight of* Nibs disappearing through the woods. He took out his pistol,* but an iron claw gripped his shoulder.

"Captain, let go!" cried Starkey.

"Put back that pistol first," said Hook threateningly in his deep, black voice.

"I could have shot the boy dead."

"But the sound would have brought Tiger Lily's redskins upon us."

"Shall I go after him, Captain?" asked Smee. Smee had many lovable* traits.* For example, after killing, he wiped his spectacles* instead of his weapon.*

"No, Smee," Hook said darkly.* "I want all seven of them. Scatter and look for them."

The pirates disappeared among the trees. In a moment Hook and Smee were alone.

"Most of all, I want their captain, Peter Pan," Hook said passionately* to his boatswain. "It was he who cut off my arm." He showed the hook threateningly. "I've waited long to shake his hand with this! He flung my arm to a crocodile that happened to be passing by."

"I have often noticed your strange fear of crocodiles."

"Not of crocodiles," Hook said, "but of that one crocodile." He was now whispering. "It liked my arm so much, Smee, that it has been following me ever since. He wants to eat the rest of

---

search for ~을 수색하다, 탐색하다   in vain 헛되이, 공연히   advance 나아가다, 전진하다   catch sight of ~을 보다   pistol 권총, 피스톨   lovable 사랑스러운, 매력적인   trait 특성, 특색   spectacles 안경   weapon 무기   darkly 으스스하게, 험악하게   passionately 열렬히, 격노하여

me. Fortunately for me, the crocodile swallowed* a clock, which goes tick* tick inside it. So when it is near, I can hear the tick and run."

"Someday when the clock stops ticking, he'll get you," said Smee.

"That's the fear that haunts* me."

Since sitting down, Hook had felt curiously* warm.

"Smee," he said, "this seat is hot."

They tried to pull up the mushroom, and it came away* at once in their hands. Smoke began to ascend.*

"It's a chimney*!" cried Hook.

They had discovered* the chimney of the home under the ground. They put their ears close to the chimney and heard children's voices. The pirates listened grimly, and then replaced* the mushroom. They looked around them and found the holes in the seven trees.

"I heard them say Peter Pan's home," Smee whispered.

"Now we will return to our ship," Hook said with a sinister* smile, "and cook a large rich cake with green sugar on it. There can only be one room below, for there is only one chimney. The silly scoundrels didn't have the sense to see that they did not need a door each. That shows they have no mother. We will leave the cake on the shore of the Mermaids' Lagoon.* They are always swimming about there, playing with the mermaids. They will see the cake and they will gobble* it up, because, having no mother, they don't know how dangerous it is to eat rich damp* cake." He burst into laughter.*

---

swallow 삼키다 **tick** (시곗바늘이) 째깍거리는 소리 **haunt** 괴롭히다, 문제를 일으키다 **curiously** 이상하게도, 몹시 **come away** 떨어져 나가다 **ascend** (연기 등이) 오르다, 올라가다 **chimney** 굴뚝 **discover** 발견하다 **replace** 제자리에 놓다, 되돌려 놓다 **sinister** 사악한, 불길한 **lagoon** 석호 **gobble** 게걸스럽게 먹다 **damp** 축축한 **burst into laughter** 폭소하다, 웃음을 터뜨리다

"Then they will die."

Smee had listened with unending* admiration.*

"It's the wickedest, prettiest plan I have ever heard of!" he cried. In their delight they danced and sang:

"Stop, stop, when I appear,

By fear they're overtook*;

Nothing's left upon your bones when you

Have shaken claws with Hook."

They suddenly stopped singing, for another sound broke in* and stilled* them. At first the sound was faint,* but as it came nearer, it became more distinct.*

Tick tick tick tick!

Hook froze,* shuddering with one foot in the air.

"It's the crocodile!" he gasped.* With that, he ran away, followed by his boatswain.

It really was the crocodile. It had passed the redskins, who were now trailing* the other pirates. He continued to pursue* Hook.

Once more, the boys emerged into the open.* Nibs rushed breathlessly* toward them, chased* by a pack of wolves.

"Save me, save me!" cried Nibs.

"But what can we do?" cried Slightly.

"What would Peter do?" they cried simultaneously.

Almost in the same breath* they cried, "Peter would bend down* and look at them through his legs."

Immediately, the boys bent down and looked through their legs. Victory* came quickly. As the boys advanced toward

---

unending 끝없는, 영구한 admiration 감탄, 찬양 overtake 엄습하다, 불시에 닥치다 break in 침입하다, 끼어들다 still 입 다물게 하다 faint 희미한 distinct 뚜렷한, 분명한 freeze 얼어붙다, 굳어져 움직이지 않다 gasp 숨이 턱 막히다, 헉 하고 숨을 쉬다 trail 뒤쫓다 pursue 쫓다, 추적하다 open 공터 breathlessly 숨 가쁘게, 헐떡이면서 chase 뒤쫓다 in the same breath 숨도 쉬지 않고 바로, 연이어서 bend down 몸을 굽히다 victory 승리

them in the terrible manner, the wolves dropped their tails and fled.

Now Nibs rose from the ground. He was staring* into the sky.

"I see a great white bird," he said. "It is flying this way."

"What kind of a bird?"

"I don't know," Nibs said, "but it looks weary.* It's crying 'Poor Wendy!'"

"Poor Wendy?" said the others in unison.*

"I remember," said Slightly. "There are birds called the Wendies."

"Look, here it comes!" cried Curly, pointing to Wendy in the sky.

Wendy was now almost directly* over them, and they could hear her cry. But more distinct was the shrill* voice of Tinker Bell. The jealous fairy had now cast off* all disguise* of friendship, and was darting at Wendy from every direction,* pinching* savagely* each time she touched.

"Hello, Tink," cried the wondering boys.

"Hello, boys," she replied. "Peter wants you to shoot the Wendy."

They never questioned Peter's orders.

"Quick, get the bows and arrows!" cried the simple boys.

All but Tootles went down their trees. He had his bow and arrow with him. Tink saw this and rubbed her little hands.

"Quick, Tootles, quick!" she screamed.

Tootles excitedly* fitted the arrow to his bow.

"Out of the way, Tink!" he cried. Then he fired, and Wendy fell to the ground with an arrow in her breast.

---

stare 응시하다 weary 지친, 기진맥진한 in unison 일제히 directly 바로
shrill 날카로운, 앙칼진 cast off 던져 버리다, 포기하다 disguise 위장, 속이기 from every direction 사방에서 pinch 꼬집다 savagely 사납게, 무지막지하게 excitedly 흥이 나서, 신나서

Chapter 06

The Little House

피터가 준 도토리 단추 덕분에 웬디는 목숨을 건지고
아이들은 웬디를 엄마로 삼고 그녀를 위해 작은 집을 짓는다.
웬디는 아이들에게 좋은 엄마가 되어 주겠다고 약속하고
그들에게 옛날이야기를 들려준다.

Foolish Tootles was standing like a conqueror* by Wendy's body when the other boys appeared from their trees.

"You are too late," he cried proudly.

Tinker Bell darted into hiding. The boys crowded* around Wendy, and as they looked, a terrible silence fell upon the woods. Slightly was the first to speak.

"This isn't a bird," he said in a scared* voice. "I think it's a lady."

"A lady?" said Tootles, trembling.*

"And we have killed her," Nibs said.

They all took off their caps.

"Now I see," Curly said. "Peter was bringing her to us at last."

"She was a lady that was going to take care of us," said one of the twins, "and you killed her!"

Tootles' face turned pale as he moved slowly away.

"Don't go," the boys said in pity.

"I have to," he answered, shaking. "I am afraid of what Peter will do to me."

It was at this tragic* moment that they heard Peter crow.* He always signaled* his

---

conqueror 정복자   crowd 모여들다   scared 겁에 질린   tremble 벌벌
떨다   tragic 비극의, 비극적인   crow 꼬끼오 하고 울다; 수탉의 울음소리
signal 신호하다, 신호를 보내다

return with a crow.

"Peter!" they cried.

"Hide her," they whispered, and gathered hastily* around Wendy.

"Greetings, boys," cried Peter as he landed. They saluted* him mechanically,* and then again they fell silent.

"Great news, boys," Peter cried, "I have brought a mother for you all at last!"

Tootles fell to his knees.

"Have you not seen her?" asked Peter, looking troubled.* "She flew this way."

Tootles rose. "Peter," he said calmly,* "I will show her to you. Step back,* twins, and let Peter see."

Peter looked at Wendy in silence.

"Whose arrow is that?" he asked sternly.

"Mine, Peter," said Tootles, who was now back on his knees.

"Oh, you fool," Peter said, drawing* his dagger. Tootles did not flinch.*

"Kill me, Peter," he said firmly.* "Kill me now!"

"Wait!" cried Nibs, pointing to Wendy. "The Wendy lady, look, her arm!"

To their great surprise, Wendy had raised* her arm.

"She is alive." Peter said.

"The Wendy lady is alive!" cried the boys.

Peter knelt beside her and found his button that Wendy had put on a chain to wear around her neck.

"Look, the arrow struck this," he said. "The kiss I gave her has saved her life."

"I remember kisses," Slightly interrupted* quickly. "Let me see it. Yes, that's a kiss."

---

hastily 허둥지둥, 급하게　salute 경례하다, 인사하다　mechanically 기계적으로　troubled 걱정하는, 불안해하는　calmly 침착하게, 태연하게　step back 한 걸음 물러서다　draw 빼다, 뽑다　flinch 겁내어 피하다, 움찔하다　firmly 확고하게, 단호하게　raise 올리다　interrupt (말 등을) 방해하다

From overhead* came a wailing* sound.

"It's Tink," said Curly. "She is crying because the Wendy lady did not die."

Now the boys had no choice but to* tell Peter of Tink's crime.* They had never seen him look so stern.

"Listen, Tinker Bell," he cried, "I am no longer your friend. Leave, and don't ever come back."

Tinker Bell flew onto his shoulder and pleaded,* but he brushed her off.* Wendy asked Peter to forgive* the fairy, then Peter said to Tinker Bell, "Okay, not for ever. But I don't want to see you for a whole week."

"Now, let's carry the Wendy lady down into the house," Curly suggested.*

"No, no, do not touch her," Peter said. "It would be disrespectful.*"

"But if she lies there, she will die," Tootles said.

"Then, let us build a little house around her," said Peter.

As the lost boys were busy preparing to build a house around their lady, John and Michael arrived. They were very relieved* to find Peter.

"Hello, Peter," they said.

"Hello," replied Peter kindly, though he had forgotten all about them. He was very busy at the moment measuring* Wendy with his feet to see how large a house she would need.

"Is Wendy asleep?" asked John.

"Yes. Now, help us build a house."

"Build a house?" cried John.

"For the Wendy," said Curly.

"For Wendy?" John said, surprised.

---

overhead 머리 위에 wailing 울부짖는, 한탄하는 have no choice but to ~하지 않을 수 없다 crime 죄, 범죄 plead 탄원하다, 애원하다 brush off ~을 무시하다 forgive 용서하다 suggest 제안하다 disrespectful 무례한, 실례되는 relieved 안심한, 안도한 measure 재다, ~의 치수를 측정하다

"Why, she is just a girl!"

"That is why we are her servants," explained Curly.

"Servants!"

"Yes, and you are also her servant," said Peter. "Now, do some work."

The brothers were dragged away* to hack* and hew* and carry.

"Slightly, fetch* a doctor," cried Peter.

"Aye,* aye," said Slightly. He disappeared, scratching* his head. But he knew Peter must be obeyed. And he returned soon, wearing John's hat and looking solemn.*

"Please, sir, are you a doctor?" Peter said to Slightly.

The difference between Peter and the other boys at such a time was that they knew it was make-believe,* while to him make-believe and reality* were exactly the same thing.

"Yes, my little man," Slightly nervously

replied.

"Please, sir," Peter said, "this lady is very ill."

"Tut, tut, tut," said Slightly. "I will take a look."

"How is she?" asked Peter.

"Tut, tut, tut," said Slightly, "this should cure her." He made-believe to give Wendy medicine.

"Oh, doctor, thank you!" Peter cried.

"I will call* again in the evening," Slightly said. After returning the hat to John, he blew big breaths, which was his habit on escaping from a difficulty.

In the meantime, the other boys had been busy gathering and cutting wood. Suddenly, without opening her eyes, Wendy began to sing:

---

drag away 끌려가다　**hack** 마구 베다, 자르다　**hew** 자르다, 토막 내다
fetch 가서 데리고 오다　**aye** 옳소, 네　**scratch** 긁다, 긁적거리다　**solemn**
심각한 표정의, 점잔 빼는　**make-believe** 가장, 사실인 것처럼 상상하기; 사실인
것처럼 행동하다　**reality** 현실　**call** 들르다

"I wish I had a pretty house,
The littlest ever seen,
With funny little red walls
And a roof of mossy* green."

The boys cheered* with joy at this, as the branches they had brought were sticky* with red sap,* and all the ground was carpeted with* moss.* They began to sing:

"We've built the little walls and roof
And made a lovely door,
So tell us, mother Wendy,
What are you wanting more?"

To this Wendy answered greedily*:

"Oh, really next I think I'll have
Gay* windows all about,
With roses peeping in, you know,
And babies peeping out."

So the boys made windows, and large yellow leaves were used as the blinds.*

"Now, we need roses," said Peter sternly.

Quickly, the boys made-believe to grow the loveliest roses up the walls.

And what about the babies?

To prevent Peter ordering* babies, the boys hurried into song again:

"We've made the roses peeping out,
The babes are at the door,
We cannot make ourselves, you know,
because we've been made before."

Peter was satisfied. The house was quite beautiful, and no doubt Wendy was very cozy in it. Peter walked around it with a stern face.

"There's no knocker* on the door," he said.

Tootles gave the sole* of his shoe, and it made an excellent* knocker.

"There's no chimney," Peter said.

---

mossy 이끼 낀 cheer 환영하여 소리치다 sticky 끈적거리는 sap 수액 be carpeted with ~로 푹신하게 뒤덮이다 moss 이끼 greedily 욕심내어, 탐욕을 부려 gay 화사한, 화려한 blind 블라인드, 차일 prevent A (from) B A가 B하는 것을 막다 knocker 쇠고리 sole 밑창 excellent 우수한, 아주 훌륭한

Peter snatched the hat off John's head, cut out the top, and put the hat on the roof. As if to say thank you, smoke immediately began to come out of the hat.

"Now, I want you to all look your best," Peter said to the boys. "First impressions* are very important."

When everyone was ready, Peter knocked on the door politely.

The door opened slowly, and a lady came out. It was Wendy. The boys all whipped off* their hats.

"Where am I?" she asked.

Of course, Slightly was the first to get a word in.

"Wendy lady," he said quickly, "we built this house for you."

"Oh, please say you like it!" cried Nibs.

"What a lovely, lovely house," Wendy said. The boys were delighted.

"We are your children," said the twins.

They all went on their knees and held out their arms.

"Oh Wendy lady, please be our mother!" they cried in unison.

"I would love to," said Wendy, "but you see I am only a little girl. I have no experience* of being a mother."

"That doesn't matter," said Peter. "We just need a nice motherly* person."

"Oh, really?" Wendy said. "I think that is exactly what I am."

"It is, it is!" they all cried.

"Very well," she said, "I will do my best. Come inside now, you naughty children. I think there's just enough time for me to finish the story of Cinderella before I put you to bed."

In they went, and that was the first of the many joyful* evenings they had with

---

impression 인상 **whip off** 후닥닥 벗다 **experience** 경험 **motherly** 어머니 같은, 어머니다운 **joyful** 즐거운, 기쁜

Wendy. By and by* she tucked them up in the big bed in the home under the trees. But she herself slept that night in the little house. Peter kept watch outside with drawn sword, because the pirates could be heard drinking far away, and the wolves were going about searching for prey.* The little house looked very cozy and safe in the darkness. After some time, Peter fell asleep, and all was still and quiet in the Neverland.

The Home under the Ground

아이들은 땅 밑에 있는 집에서 생활한다.
피터 팬과 아이들은 매일 갖가지 모험을 즐기고
웬디는 아이들을 위해 살림을 맡는다.

The first thing Peter did the next day was to measure Wendy and John and Michael for hollow trees. Hook had sneered at the boys for thinking they needed a tree each, but Hook was the

by and by 머지않아, 이윽고　**prey** 먹이

ignorant* one. You see, all the boys were of different sizes. And unless your tree fitted you, it was difficult to go up and down.

Wendy and John and Michael soon came to love their home under the ground; especially Wendy. It had one large room, as all houses should. It had a floor in which you could dig* for worms* if you wanted to go fishing. On the same floor grew stout* mushrooms which were used as stools.*

A Never tree tried hard to grow in the center of* the room, but every morning the boys sawed* the trunk through to make it level* with the floor. It was always about two feet high by teatime,* and then they would put a door on top of it to use as a table.

As soon as tea was over, the boys sawed off the trunk again to make more room to play. The bed was tilted against* the wall by day, and let down at 6:30. It was so big that it filled nearly half the room. All the boys slept in it except Michael, lying like sardines* in a can. Michael also wanted to sleep on it, but Wendy wanted a baby. As he was the smallest, Wendy had him hung up in a basket. There was a hole in the wall, no larger than a birdcage.* This was the private* apartment* of Tinker Bell. It could be shut off from the rest of the house by a tiny curtain.

Life at the house was entrancing* to Wendy. Her boys gave her so much to do. There were whole weeks when she was never above ground. The cooking kept her nose to the pot. Wendy's favorite time for

---

ignorant 무지한, 무식한　**dig** 파다, 파헤치다　**worm** 벌레, 지렁이　**stout** 뚱뚱한, 통통한　**stool** 등받이 없는 의자　**in the center of** ~의 한가운데　**saw** 톱으로 켜다　**level** 평평하게 하다　**teatime** 차 마시는 시간　**tilt against** ~쪽에 대고 젖혀지다　**sardine** 정어리　**birdcage** 새장　**private** 개인의　**apartment** 방　**entrancing** 넋을 빼앗아 가는

sewing and darning* was after the boys had all gone to bed. Then, she would have a breathing time for herself. She usually spent the time making new things for her boys.

She also soon found a pet* wolf. They acted as if they had known each other all their lives, and they just ran into each other's arms when they first met. After that, the wolf followed her about everywhere.

As for her parents, Wendy was not really worried about them. She was absolutely* confident that they would always keep the window open for her to fly back by. This gave her complete ease of mind. What did worry her at times* was that John remembered his parents only vaguely,* as people he had once known. Meanwhile, Michael was quite willing to believe that Wendy was really his mother.

These things scared her a little, so she tried to fix the old life in their minds* by making them take an exam on it every now and then.

Peter often went out alone. When he came back, you could never be absolutely certain whether he had had an adventure or not. He might have forgotten it so completely that he said nothing about it, and then when you went out you found a dead body. On the other hand, he might boast a great deal about an adventure, and yet you could not find the body. Sometimes he came home with blood on his head, and then Wendy bathed his head in warm water.

To describe all of Peter's adventures would require a book as large as an

---

darning 짜깁기 pet 애완 absolutely 절대적으로, 완전히 at times 때때로, 이따금 vaguely 모호하게, 막연히 fix ~ in one's mind ~을 유념하다

English-Latin, Latin-English Dictionary.*
The best we can do is to give one as an
example of an average* hour on the island.
Let us recall the battle* with the redskins at
Slightly Gulch.* It was a cheerful affair.* It
was especially interesting as it showed one
of Peter's peculiarities,* which was that in
the middle of a fight he would suddenly
change sides.

At the Gulch, when victory was still in
the balance,* he suddenly shouted, "I'm
redskin today! What are you, Tootles?"
And Tootles answered, "Redskin! What
are you, Nibs?" and Nibs said, "Redskin!
What are you, Twin?" and so on. In a
matter of seconds, they were all redskins.
But this did not end the fight. This was
because the real redskins, fascinated* by
Peter's methods,* all agreed to be lost
boys! And so they continued to fight,
more fiercely* than ever.

We have not yet decided that this is the adventure we are to narrate.* Perhaps* a better one would be the night attack by the redskins on the house under the ground. Several of them became stuck in the hollow trees and had to be pulled out like corks.* Or we might tell the story of how Peter saved Tiger Lily's life in the Mermaids' Lagoon and made her his ally.*

Or we could discuss what happened to that cake the pirates made so that the boys might eat it and die. They placed it in one cunning* spot* after another, but Wendy always snatched it from the hands of her children and threw it away. Over time, it lost its succulence* and became as hard

---

dictionary 사전 average 평균적인, 평균의 battle 전투, 싸움 gulch 협곡 affair 사건, 일 peculiarity 특성, 특이한 점 in the balance 불확실한 상태에 있는 fascinate 매혹하다, 반하게 하다 method 방법, 방식 fiercely 사납게, 맹렬하게 narrate 이야기하다 perhaps 아마도, 어쨌든 cork 코르크 ally 동맹 cunning 교묘한, 정교한 spot 장소, 지점 succulence 다즙, 다육

as a stone. In the end Peter used it as a missile,* and Hook fell over it in the dark.

Or we can talk of the birds that were Peter's friends, particularly of the Never bird that built a nest in a tree overhanging* the lagoon. One day, the nest fell into the water, and the bird continued to sit on her eggs. Peter gave orders that she was not to be disturbed. The end of that pretty story shows how grateful* a bird can be. If we were to tell it, however, we must also tell the whole adventure of the lagoon. That would of course be telling two adventures rather than just one.

Which of these adventures shall we tell? The best way will be to toss* a coin for it.

I have tossed, and the lagoon has won.

The Mermaids' Lagoon

어느 날 피터와 웬디가 인어들의 석호에 있을 때
후크의 부하 해적들이 인디언 추장의 딸 타이거 릴리를 붙잡아 온다.
피터 팬은 기지를 발휘해서 타이거 릴리를 구해 주지만
후크가 휘두른 갈고리에 부상을 입는다.

The children often spent long summer days on the lagoon, playing the mermaid games in the water. Contrary to* popular belief,* the mermaids were not very

missile 미사일, 날아가는 무기   overhang ~ 위로 돌출하다, 쑥 나오다
grateful 고맙게 여기는, 은혜를 갚는   toss 던지다   contrary to ~에 반대로,
~에 반하여   popular belief 민간 신앙, 세상 사람들이 믿는 바

friendly.* Whenever Wendy or the boys tried to go near them, they dove and swam away.

They treated everyone in the same way except for Peter. He often chatted* with them on Pirates' Rock, and sat on their tails when they got cheeky.* He even gave Wendy one of their combs.*

Wendy insisted* that the children rest for half an hour on Pirates' Rock every day after lunch. One day, when they were doing exactly this, they all fell asleep except Wendy. While she stitched,* a change came over the lagoon. The sun disappeared, and it became cold.

All of a sudden Peter jumped up, wide awake. With one warning cry, he roused* the others.

"Pirates!" he cried. "Dive!" The next instant all the boys were gone.

Soon a small boat drew near the lagoon.

Smee and Starkey, and the third a captive,* were on it. The captive was no other than Tiger Lily. Her hands and ankles* were tied. She was going to be left on the rock to drown* when the tide* came in.

Quite near the rock, but out of sight, two heads were secretly* watching the trio.* It was Peter and Wendy. Peter decided to save Tiger Lily. It was not because he felt sorry for her, but because he was angry at the unfair* fight of two against one.

There was almost nothing Peter could not do, and he now imitated* the voice of Hook.

"Ahoy there, you lubbers*!" he cried. He sounded exactly like Hook.

---

friendly 친절한, 우호적인　**chat** 잡담하다, 수다 떨다　**cheeky** 건방진, 까부는　**comb** 빗　**insist** 주장하다, 고집하다　**stitch** 꿰매다, 감치다　**rouse** 깨우다, 눈뜨게 하다　**captive** 포로, 사로잡힌 사람　**ankle** 발목　**drown** 물에 빠져 죽게 하다, 익사시키다　**tide** 조수　**secretly** 비밀히, 몰래　**trio** 3인조　**unfair** 불공평한　**imitate** 모방하다, 흉내 내다　**lubber** 풋내기 선원

"The captain!" cried the pirates, staring at each other in surprise.

"He must be swimming out to us," Starkey said, looking about for Hook in vain.

"We are putting the redskin on the rock," Smee said.

"Set her free," said Hook's terrible voice.

"Set her free?"

"Yes, cut her loose and let her go."

"But, captain…."

"At once, do you hear?" cried Peter. "Or I'll plunge my hook in you."

"This is strange!" Smee gasped.

"We should do what the captain orders," said Starkey nervously.

"Aye, aye," Smee said, and he cut Tiger Lily loose. At once she jumped into the water.

Peter was about to crow, but something surprised him.

"Boat ahoy!" said Hook's voice.

It was the real Hook's voice. He was also in the water. He swam to the small boat and climbed aboard.*

Peter signed to Wendy to listen.

The two pirates looked very curious to know what had brought their captain to them. Hook, however, sat with his head on his hook with an expression of profound* melancholy.*

"Captain, what is wrong?" they asked timidly.*

Hook answered with a hollow moan.

"He sighs," said Smee.

"He sighs again," said Starkey.

At last Hook spoke.

"The game's over," he cried. "Those boys have found a mother."

"Oh, no!" cried Starkey.

---

climb aboard 탑승하다, 승선하다 **profound** 심원한, 심오한 **melancholy** 우울, 애수 **timidly** 주뼛거리며

"What's a mother?" asked the ignorant Smee.

Hook pointed out the nest floating* on the lagoon, and the Never bird was sitting on it.

"See, that is a mother," said Hook. "The nest must have fallen into the water, but would the mother desert* her eggs? No!"

"Captain," said Smee, "could we not kidnap* the boys' mother and make her our mother?"

"That is a great idea," cried Hook, and at once it took practical* shape* in his great brain.* "We will snatch the children and take them to the boat. We will make them walk the plank,* and then Wendy will be our mother." Suddenly, Hook remembered Tiger Lily. "Where is the redskin?"

He had a playful* humor at times, and they thought this was one of the moments.

"That is all right, captain," Smee answered with a smile. "We let her go."

"Let her go?" cried Hook.

"Yes, just like you told us to," said Starkey.

"Lads,*" he said, his face turning black with anger, "I gave no such order."

"That is strange," Smee said, embarrassed.*

Hook looked around angrily and raised his voice.

"Spirit* that haunts* this dark lagoon tonight," he cried, "do you hear me?"

Of course Peter should have kept silent, but of course he did not. He immediately answered in Hook's voice, "I hear you."

Smee and Starkey clung to* each other

---

float 떠다니다 desert 버리다, 유기하다 kidnap 유괴하다, 납치하다
practical 실제적인, 실용적인 shape 모양, 모습 brain 뇌 walk the
plank 뱃전에 내민 널빤지 위를 눈이 가려진 채 걷다 playful 농담의, 장난기 많은
lad 남자, 녀석 embarrassed 어리둥절한, 당혹한 spirit 영혼, 망령 haunt
(귀신 등이) 출몰하다 cling to ~에 달라붙다, 매달리다

in terror.

"Who are you, stranger? Speak!" Hook said.

"I am James Hook," replied Peter, "captain of the JOLLY ROGER."

"You are not," Hook cried hoarsely.* "Now, tell me who you really are."

"Well, then," Peter cried, "I am Peter Pan."

Hook turned to Smee and Starkey, and they immediately knew what was to be done.

"Now we have him," Hook shouted just before jumping into the water.

Then came the excited voice of Peter.

"Are you ready, boys?" he said.

"Aye, aye," answered voices from various* parts of the lagoon.

"Then get the pirates on the boat."

The ensuing* battle was short and sharp. First to draw blood was John, who bravely climbed into the boat and held Starkey. He fell overboard,* and John jumped in after them, followed by Smee. The boat drifted away.*

While the boys were fighting Starkey and Smee, Peter was busy going after a bigger prize.*

Strangely, it was not in the water that Peter and Hook met. Hook rose to the rock to breathe, and at the same moment Peter climbed it on the other side. The rock was slippery,* so they had to crawl* rather than climb. Neither of them knew that the other was coming. Each was feeling for a grip* when he met the other's arm. They raised their heads in surprise; their faces were almost touching; so they met.

---

hoarsely 목이 쉬도록, 귀에 거슬리게 **various** 가지각색의, 여러 가지의 **ensuing** 다음의, 뒤이은 **fall overboard** 배에서 물속으로 떨어지다 **drift away** 떠내려가다 **prize** 목적물, 포획물 **slippery** 미끄러운 **crawl** 기어가다, 기다 **grip** 잡음, 붙듦

Peter quickly snatched a knife from Hook's belt and was about to stab him in the heart, when he saw that he was higher up the rock than his enemy. Peter wanted to beat Hook fair and square.* He gave the pirate a hand to help him up.

It was then that Hook bit him.

The unfairness* of this move* dazed* Peter. All he could do was just stare, helpless.* Hook clawed him twice with the iron hand.

A few moments later, the other boys saw Hook in the water striking wildly* for the boat. There was only fear in his face, for the crocodile was in pursuit of* him. The boys began scouring* the lagoon for Peter and Wendy, calling them by name. There was no answer. "They must be swimming back or flying," the boys concluded.* They were not very worried, because they had such faith in* Peter.

As the boys disappeared, Peter was pulling Wendy up the rock. She had fainted,* and now he lay down beside her. He shook her gently and she regained consciousness.*

"We are on the rock, Wendy," said Peter. "But it is growing smaller. Soon the water will be over it."

"We have to go," she said.

"Yes, but I can't help you, Wendy. Hook wounded* me. I can neither fly nor swim."

"Then are we going to drown?"

Just at that moment, something brushed against* Peter. It was the tail of a kite, which Michael had made some days before. It had torn itself out of* his hand

---

fair and square 공명정대하게, 정정당당하게 **unfairness** 불공평함, 교활함 **move** 조처, 수단 **daze** 멍하게 하다 **helpless** 어쩌할 수 없는, 속수무책인 **wildly** 미친 듯이 **in pursuit of** ~을 추구하여, ~을 쫓아 **scour** 살살이 뒤지다 **conclude** 결론짓다, 단정하다 **have faith in** ~을 믿고 있다 **faint** 졸도하다, 기절하다 **regain consciousness** 의식을 되찾다, 제정신을 차리다 **wound** 상처를 내다 **brush against** ~을 스치다, 스치고 지나가다 **tear oneself out of** ~에서 뿌리치고 떠나다

and floated away.

"It's Michael's kite," Peter said, grabbing the tail. "It lifted Michael off the ground. It should be able to carry you."

"Both of us!"

"It can't lift two people. Michael and Curly tried."

Without another word, Peter tied the tail around Wendy. She refused to go without him, but with a "Goodbye, Wendy," he pushed her from the rock. In a few minutes, she was out of his sight.

Peter felt fear for the first time in his life as he lay alone on the rock. But soon he got up and stood upright,* with a smile on his face and a drum beating within him. It was saying, "To die will be an awfully* big adventure."

Chapter 09

The Never Bird

피터는 석호의 바위 위에서 죽음을 기다린다.
그때 예전에 피터에게 도움을 받았던 네버 새가 다가온다.
피터는 네버 새가 내어 준 새둥지를 타고 호수를 탈출하여
무사히 땅 밑의 집으로 돌아온다.

Steadily the waters rose till they were nibbling* at Peter's feet. To pass the time until they made their final gulp,* he watched the only thing on the lagoon. It was the Never bird. She was still on her nest, making desperate* efforts* to reach

---

stand upright 꼿꼿이 서다 **awfully** 대단히, 지독하게 **nibble** 야금야금 먹다
gulp 꿀꺽 먹는 한 입 **desperate** 필사적인 **make an effort** 노력하다, 애쓰다

Peter. By working her wings, she was able to some extent* to guide her strange craft.* She had come to save him, to give him her nest, though there were eggs in it.

"I…want…you…to…get…into…the…nest," the bird came, speaking as slowly as possible, "and…then…you…can…drift…ashore, but…I…am…too…tired…to…bring…it…any…nearer…so…you…must…try to…swim…to…it."

With some effort, Peter understood. He clutched* the nest and waved to the bird as she fluttered* overhead.

There were two large white eggs, and Peter picked them up and reflected.* He looked around and found Starkey's hat on the rock. Peter put the eggs into this hat and set it on the lagoon. It floated effortlessly.*

The Never bird saw what he was up to,* and screamed in gratitude.* Peter then got into the nest, reared* a stick* in it as a mast,* and hung up his shirt as a sail.* At the same time, the bird fluttered down onto the hat and once more sat on her eggs. She drifted in one direction, and he drifted off in another, both cheering.

Of course when Peter landed, he beached* the nest in a safe place where the bird would easily find it.

Great were the rejoicings* when Peter reached the home under the ground almost at the same time as Wendy, who had been carried there by the kite.

Wendy was glad that all the boys were home again safe and sound,* but she thought it was getting too late.

"To bed, to bed!" she cried sternly.

---

to some extent 어느 정도까지는, 다소 **craft** 선박 **clutch** 꽉 잡다, 붙들다 **flutter** 퍼덕거리며 날다 **reflect** 곰곰이 생각하다 **effortlessly** 힘들지 않게 **be up to** ~가 (결정)할 일이다 **gratitude** 감사 **rear** 똑바로 세우다 **stick** 막대기 **mast** 돛대 **sail** 돛 **beach** 바닷가로 가져오다 **rejoicing** 환호, 축하 **safe and sound** 무사히

Chapter 10
The Happy Home

피터는 인디언들과 친구가 된다.
피터 팬은 인디언들의 영웅 대접에 기고만장한다.
웬디는 주부이자 아이들의 엄마로서 자신의 역할에 충실하지만
피터는 자기의 정체성에 의문을 갖는다.

The incident* at the lagoon made the redskins their friends. Peter had saved Tiger Lily from a dreadful fate, and now there was nothing she and her friends would not do for him. All night they sat above and kept watch over the home under the ground. Even by day they hung about,* smoking the pipe of peace.

The redskins called Peter the Great White Father. He liked this tremendously,* but that was not really good for him.

"The great white father is glad to see the Piccaninny warriors* protecting* his people from the pirates," he would say to them in a very arrogant,* lordly* manner.

"I am Tiger Lily," the lovely creature* would reply. "Peter Pan saved me. I am his friend. I won't let pirates hurt him."

The redskins were by no means* respectful* to the other boys. They thought of them as just ordinary braves. What annoyed* the boys was that Peter seemed to think this was fine.

---

incident 사건 hang about 어슬렁거리다, 배회하다 tremendously 굉장히
warrior 전사 protect 보호하다 arrogant 거만한, 거드름 부리는 lordly
잘난 체하는, 으스대는 creature 창조물 by no means 결코 respectful
경의를 표하는, 공손한 annoy 짜증나게 하다, 화나게 하다

Secretly, Wendy sympathized* with them a little, but she was far too loyal* a housewife* to listen to any complaints against father. "Father knows best," she would say, whatever her real opinion was.

We have now reached the evening that came to be known among them as the Night of Nights. The day, like the calm before the storm,* had been almost uneventful.* Now the redskins were at their posts* above, while below, the children were having their dinner. They were all there except Peter, who had gone out to get the time. The way you got the time in the Neverland was to find the crocodile, and then stay near him till the clock struck.

After the meal, Wendy sat and sewed and the boys played around her. Their happy faces were lit up by the romantic fire in the fireplace. This had become a very familiar scene in the home under the ground, but we are looking on it for the last time.

There was a step above. Wendy was the first to hear it.

"Children, your father is back," said Wendy. "Go and meet him at the door."

Above, the redskins bowed to Peter.

"At ease, braves," said the proud boy.

Peter had brought nuts for the boys as well as the correct time for Wendy.

"Peter, you spoil them too much, you know," Wendy said with a smile.

"Ah, old lady,*" replied Peter, hanging up his gun.

"It was I who told him mothers are called old ladies," Michael whispered to Curly.

---

sympathize 동정하다   loyal 충성스러운   housewife 주부   storm 폭풍우
uneventful 평온무사한, 특별한 일이 없는   at one's post 임지에서, 맡은 자리에서   old lady 잔소리꾼

The first twin approached Peter.

"Father, we want to dance," he said.

"Dance away, my boy," said Peter.

"We want you to dance with us."

Peter was the best dancer among them, but he pretended to be amazed.*

"But my old bones would rattle*!" cried Peter.

"And Mummy too," said the second twin.

"Yes! It is a Saturday night, after all!" Slightly added.*

It was not really Saturday night. They had long lost count of* the days. Whenever the boys wanted to do anything special, they said it was Saturday night.

"All right," said Peter. "But you must all put on your pajamas* first."

So they were told they could dance, but they must put on their nightdress* first.

"I was just thinking," Peter whispered

to Wendy. "It is only make-believe, isn't it, that I am their father?"

"Oh yes," Wendy said.

"I am too young to be their real father, aren't I?"

"But they are our children, Peter, yours and mine."

"But they're not really our children, right?" he asked anxiously.

"Not if you don't want them to be," she replied. She distinctly* heard his sigh of relief.* "Peter," she asked, trying to be firm, "what are your exact feelings for me?"

"Those of a devoted* son, of course."

"I thought so," she said. She went and sat by herself at the other end of the room.

"You are so strange," he said with a puzzled expression. "Tiger Lily is just the

---

amazed 놀란 rattle 덜걱덜걱 소리 나다 add 덧붙이다 lose count of ~의 수를 세다가 도중에 잊어버리다 pajamas 파자마, 잠옷 nightdress 잠옷 distinctly 뚜렷하게, 명백하게 relief 안도, 위안 devoted 헌신적인

same. She wants to be something to me, but she says it is not my mother."

"No, indeed, it is not," Wendy replied.

Just then, the boys returned from getting changed and together they had one more happy hour, completely unaware of* the impending* disaster.* As it was to be their last hour on the island, let us rejoice* that there were sixty happy minutes in it. And then at last they all got into bed for Wendy's bedtime story. It was the story they loved best, but Peter hated it. Usually when she began to tell this story, Peter left the room or put his hands over his ears. If he had done either of those things this time, they might all still be on the island. But tonight he remained* on his stool.

Chapter 11

Wendy's Story

웬디가 달링 가족에 관한 이야기를 시작한다.
이야기를 하던 중 향수에 젖은 웬디 남매들은
피터 팬이 한 말에 자극을 받아 집에 돌아가기로 한다.
그런데 다른 아이들도 모두 웬디를 따라나서기로 한다.

"Listen, then," said Wendy, settling down to* her story. Michael was at her feet and seven boys were in the bed. "There was once a gentleman…."

(be) unaware of ~을 알지 못하다; 모르다　**impending** 임박한, 곧 닥칠　**disaster** 재앙　**rejoice** 기뻐하다, 좋아하다　**remain** 머무르다　**settle down to** ~에 착수하다

"I wish he had been a lady," Curly said.

"I wish he had been a little rat,*" said Nibs.

"Quiet," their mother said. "There was a lady also, and…."

"Oh, Mummy," said the first twin, "you mean that there is a lady also, don't you? She is not dead, is she?"

"Oh, no."

"I am glad she isn't dead," said Tootles. "Aren't you glad, John?"

"I am."

"Are you glad, Nibs?"

"Of course I am."

"Are you glad, Twins?"

"Yes."

"Oh dear," sighed Wendy.

"Be quiet," Peter called out.

"The gentleman's name was Mr. Darling," Wendy continued. "The lady's name was Mrs. Darling."

"I knew them," John said.

"I think I knew them as well," said Michael somewhat doubtfully.*

"They were married, you know," said Wendy, "and what do you think they had?"

"Little rats!" cried Nibs.

"No."

"It's puzzling,*" said Tootles, who actually knew the story by heart.*

"Quiet, Tootles. They had three descendants.*"

"What are descendants?"

"Well, you are a descendent, Twin."

"Did you hear that? I am a descendant."

"Descendants are children," said John.

"Oh dear, oh dear," sighed Wendy. "Now these three children had a faithful*

---

rat 쥐   doubtfully 확신 없이, 불확실하게   puzzling 헷갈리게 하는   by heart 외워서, 암기하여   descendant 자손, 후예   faithful 충실한

nurse called Nana. One day, Mr. Darling became angry with her and chained her up in the yard. So all the children flew away."

"It's such a good story," said Nibs.

"They flew away to the Neverland, where the lost children live," Wendy continued.

"Wendy," cried Tootles, "was one of the lost children called Tootles?"

"Yes, he was."

"I am in a story!"

"Hush.* Now I want you to imagine* the feelings of the unhappy parents whose children flew away."

"Ooh!" they all moaned, though they were not really considering the feelings of the unhappy parents at all.

"Think of the empty beds!"

"Ooh!"

"Now," Wendy said complacently,* "our heroine* knew that the mother would always leave the window open for her children to fly back by. So, the children stayed away for years and had a lovely time."

"Did they ever go back to their parents?"

"Let's look into the future," said Wendy. "Years have gone by, and who is this elegant* lady alighting* at London Station?"

"Oh, Wendy, who is she?" cried Nibs, still pretending not to know the story.

"It is the fair* Wendy!" cried Slightly.

"Yes, it is!" said Wendy.

"Oh!"

"And who are the two noble* young men accompanying* her? Can they be John and Michael? They are!"

"Oh!"

---

hush 쉿, 조용히 imagine 상상하다 complacently 마음에 흡족하게, 흐뭇한 듯이 heroine 여주인공 elegant 우아한, 고상한 alight 내리다, 하차하다 fair 아름다운 noble 귀족의, 고귀한 accompany 동반하다, 동행하다

Peter uttered* a hollow groan.*

"What is it, Peter?" Wendy cried, running to him. She felt him on his chest. "Where does it hurt, Peter?"

"It isn't that kind of pain,*" Peter said darkly.

"What kind is it?"

"Wendy, you are wrong about mothers."

They all gathered around him.

"Long ago, I thought like you that my mother would always keep the window open for me," Peter said. "So I stayed away for a long, long time, and then flew back. But the window was barred.* My mother had forgotten all about me. Another little boy was sleeping in my bed."

I am not sure that this was true, but Peter thought it was.

"Are you sure all mothers are like that?" asked one of the boys.

"Yes."

"Wendy, let's go home," cried John and Michael together.

"Yes," she said, clutching* them.

"Tonight?" asked the lost boys, bewildered.*

"Right away," Wendy replied resolutely.* What Peter had said scared her. "Peter, will you make the necessary* arrangements*?"

"If you want," he replied.

Peter went above to arrange* Wendy's departure* with the redskins. Having given the necessary instructions to the redskins, he returned to the home. An unworthy* scene had been enacted* in his absence. Panicking* at the thought of losing Wendy, the lost boys had begun to act threateningly.

---

utter 입 밖에 내다 groan 신음 pain 고통 bar 빗장을 지르다, 잠그다 clutch 꼭 붙잡다 bewildered 당혹한, 어리둥절한 resolutely 단호하게, 결연히 necessary 필요한 make arrangements 준비하다 arrange 준비하다 departure 출발 unworthy 어울리지 않는, 적절하지 않은 enact 일어나다, 벌어지다 panic 공황 상태에 빠지다

"We won't let her go!" they cried.

"Let's keep her in custody.*"

"Yes, chain her up."

Wendy knew who she had to turn to.

"Tootles," she cried, "please help."

Strangely, she appealed to* Tootles, the silliest one of the boys.

However, Tootles responded grandly.* For that one moment, he lost his silliness* and spoke with dignity.*

"I am just Tootles, and nobody listens to me," he said. "But I'm telling you now, I will severely bloody* the first one who does not behave to Wendy like an English gentleman."

He drew back his dagger. The others stepped back uneasily. Then Peter returned, and they realized immediately that they would get no support* from him. He would never keep a girl in the Neverland against her will.

"Wendy," he said, "since flying tires you, I have asked the redskins to guide you through the woods."

"Thank you, Peter."

"Then, Tinker Bell will take you across the sea," he continued. "Wake Tink, Nibs."

Nibs had to knock twice before he got an answer.

"Who are you? Go away," she cried.

"Get up, Tink," Nibs said. "You need to take Wendy on a journey."

Tink was delighted to hear that Wendy was going, but she was determined not to be her guide. She pretended to fall back asleep.

"Tink," said Peter sternly, "if you don't get up right now, I will open the curtains. Then we will all see you in your

---

keep ~ in custody ~을 가둬 두다   appeal to ~에게 애원하다, 간청하다
grandly 당당하게   silliness 우둔함   dignity 위엄, 품위   bloody 피투성이가
되게 하다   support 지지

nightgown."

This made her jump onto the floor. "Who said I wasn't getting up?" she cried.

In the meantime, the boys were gazing at* Wendy. She was already ready for the journey with John and Michael.

"My dear boys," she said, "if you come with me, I am almost sure I can get my father and mother to adopt* you."

Wendy wanted Peter to come more than anybody else, but the boys were all thinking exclusively* of themselves, and they jumped with joy.

"Peter, can we go?" they cried simultaneously. They all thought he would also come with them. But none of them really cared about what he wanted.

"All right," Peter said with a bitter* smile. They immediately rushed to get their things.

"And now, Peter," Wendy said, "go and

get your things."

"No," he answered. "I am not going with you, Wendy."

"But, Peter…."

"I said no."

The others were told immediately.

"Peter isn't coming."

They gazed at him blankly.*

"If you find your mothers, I hope you will like them," Peter said darkly. "Now then, let's not make a fuss.* Goodbye, Wendy."

He held out* his hand cheerily as if they must really go now because he had something important to do.

"You will remember about changing your trousers, Peter?" she said, taking his hand.

---

gaze at ~을 응시하다, 뚫어져라 보다 adopt 입양하다 exclusively 오로지
bitter 씁쓸한, 쓰디쓴 blankly 멍하니, 우두커니 make a fuss 야단스럽게
떠들어대다, 소란을 피우다 hold out 내밀다

"Yes."

"And will you promise to take your medicine when you are sick?"

"Yes."

An awkward* pause followed.

"Are you ready, Tinker Bell?" said Peter.

"Aye, aye."

"Then take them away."

Tink darted up the nearest tree. No one followed her, because at this moment the pirates attacked the redskins. Shrieks and clashes of steel were heard from above. Below, there was dead silence. Wendy fell to her knees, but her arms were extended* toward Peter. In fact, all arms were extended to Peter. They were silently begging him not to desert them. As for Peter, he immediately seized* his sword, and the lust* of battle was in his eye.

Chapter 12

The Children Are Carried Off

후크는 땅 밑의 집을 망보던 인디언들을 기습한다.
인디언들은 후크와 해적들의 비열한 공격에 죽거나 도망친다.
인디언이 이기면 북을 울린다는 아이들의 말을 엿듣고
후크는 아이들을 속이려고 북을 울리도록 시킨다.

The pirate attack was a complete surprise.* What ensued was a massacre* rather than a fight. Most of the Piccaninny braves died, but they made sure to take some of the pirates with them. The terrible

---

awkward 어색한　**extend** 뻗다　**seize** 붙잡다　**lust** 강한 욕망　**surprise** 불시에 치기, 기습　**massacre** 대량 학살

Panther, however, managed to* cut a way through the pirates with Tiger Lily and a small remnant* of the tribe.

For Hook, the night's work was not yet over. It was not the redskins he had come out to destroy.* It was Pan he wanted; Pan and Wendy and their band,* but chiefly* Pan. The question now was how to get down the trees. Hook ran his wild eyes over his men, searching for the thinnest ones.

In the meantime, the boys were wondering which side had won. The pirates, listening avidly* at the mouths of the trees, heard the boys ask this question over and over again. And alas, they heard Peter's answer.

"If the redskins have won, they will beat the tom-tom,*" he said. "That is their sign of victory."

Smee looked around and found the

tom-tom.

"You will never hear the tom-tom again," he muttered* quietly. But to his amazement,* Hook signaled him to beat the tom-tom. Smee soon understood the dreadful wickedness of the order. Never had this simple man admired Hook so much.

Smee beat upon the instrument* twice, and then stopped and listened gleefully.

"The tom-tom!" the villains heard Peter cry. "It's an Indian victory!"

The children answered with a cheer that was music to the evil* hearts above. Almost immediately, the boys repeated* their goodbyes to Peter. This puzzled the pirates, but they did not dwell on* it. They

---

manage to 용케 ~을 해내다, 그럭저럭 ~하다   remnant 나머지, 잔여
destroy 파괴하다, 궤멸하다   band 무리   chiefly 주로   avidly 탐욕스럽게
tom-tom 톰톰(북의 일종)   mutter 중얼거리다   to one's amazement
놀랍게도   instrument 악기   evil 사악한   repeat 되풀이하다, 반복하다
dwell on ~에 유의하다, ~을 곰곰이 생각하다

were overcome with excitement* over their enemies' impending doom. The pirates smirked* at each other and rubbed their hands. Swiftly* and silently Hook gave his orders: one man to each tree, and the others to arrange themselves in a line two yards apart.*

Chapter 13

Do You Believe in Fairies?

웬디와 아이들이 땅 위로 나오자
해적들은 아이들을 붙잡아 해적선으로 끌고 간다.
후크는 땅 밑의 집으로 몰래 들어가 피터의 약에 독을 타지만,
팅커 벨이 피터를 구하려고 그 약을 대신 마신다.

The first boy to emerge from his tree was Curly. He popped out of it into the arms of Cecco, who flung him to Smee, who flung him to Starkey, who flung him to Bill Jukes, who flung him to Noodler. So

---

be overcome with excitement 흥분해서 제정신이 아니다 **smirk** 능글능글 웃다; 히죽히죽 웃기, 능글능글한 웃음 **swiftly** 재빨리 **apart** 떨어져

he was tossed from one to the other until he fell at the feet of Hook. The rest of the boys were plucked* from their trees in this ruthless* manner.

Wendy, who came last, was treated differently. With ironical* politeness, Hook raised his hat to her. He offered her his arm and escorted her to the spot where the others were being gagged.* He did it with such an air* that she became too fascinated to cry out for help. After all, she was only a little girl.

The boys were tied to prevent them from flying away. The black pirate had cut a rope into nine equal pieces to tie them. All went well until Slightly's turn came. He was found to be too big to be tied up with the piece of rope. Hook saw that Slightly was shaking nervously. Soon he realized there must be a reason behind the boy's anxiety.* And the reason was this: Slightly had become bigger because he drank a lot of water whenever he was hot. And, instead of reducing* himself to fit the tree, he had cut the tree hole to fit him! Hook soon figured out* that Slightly's tree hole must be big enough to accommodate* a grown man. A dark smirk came over* his face.

Hook quietly told his men to take the captives to the ship. He was to be left alone.

The children were flung into the little house. Four stout pirates raised it on their shoulders. They sang the hateful* pirate chorus,* and the strange procession set off* through the woods.

The first thing Hook did in the night

---

pluck 잡아당기다, 홱 당기다　ruthless 무자비한, 인정사정없는　ironical 아이러니한　gag 입을 막다, 재갈을 물리다　air 풍채, 태도　anxiety 걱정, 근심　reduce 줄이다, 감소시키다　figure out 이해하다　accommodate 수용하다　come over ~을 덮치다, 갑자기 들다　hateful 증오에 찬, 악의에 찬　chorus 합창곡　set off 출발하다

was to tiptoe* to Slightly's tree to make sure that it would provide him with* enough room. Then for long he remained thinking in silence. Was Peter Pan asleep, or was he waiting at the foot of Slightly's tree with his dagger in his hand?

Hook let his cloak* slip* softly to the ground and stepped into the tree. He was a brave man, but for a moment he had to stop there and wipe his brow.* Then, silently, he let himself go into the unknown.*

He arrived at the foot of the shaft* and stood still again. As soon as his eyes became accustomed to* the dim* light, he looked for and found the great bed. On the bed was Peter, fast asleep.

Unaware of the tragedy being enacted above, Peter had continued to play gaily on his pipes. This was a rather pitiful* attempt* to prove to himself that he did not care. Then he lay down on the bed outside the covers in order to defy* Wendy, who had always tucked them inside it. Then he nearly cried, but he realized how angry she would be if he laughed instead. So he laughed and laughed until he fell asleep.

Hook now stood at the foot of the bed, looking across the room at his enemy. Did no feeling of compassion* disturb his mind? The man was not wholly* evil; he loved flowers and sweet music. The beautiful nature* of the scene stirred* him profoundly.* If the boy on the bed had been anyone else, Hook would have returned reluctantly* up the tree. But the

---

tiptoe 발끝으로 걷다 provide A with B A에게 B를 제공하다 cloak 소매 없는 외투, 망토 slip 미끄러지다 brow 이마 unknown 미지의 shaft 수직 통로 become accustomed to ~에 익숙해지다, 길들여지다 dim 어둑한, 어스레한 pitiful 애처로운 attempt 시도 defy 반항하다, 저항하다 compassion 동정, 동정심 wholly 전적으로, 완전히 nature 본질, 성질 stir 휘젓다, 뒤섞다 profoundly 깊이 reluctantly 마지못해, 망설이면서

boy was Peter Pan. What angered Hook was Peter's impertinent* appearance* as he slept. Hook felt no mercy.*

Though a light from the one lamp shone dimly* on the bed, Hook stood in darkness. There was one obstacle* between him and his enemy. That was the door of Slightly's tree that was used as the table. Walking over it might awaken Pan. Then he looked around and caught sight of Peter's medicine standing on a ledge* within easy reach.

Now, Hook always carried about* his person a dreadful drug* lest he should* be taken alive. The drug had been blended* by himself with all the death-dealing* poisons* that had come into his possession.* He had boiled them down* into a yellow liquid,* which was probably the most virulent* poison in existence.*

He now added five drops of the deadly*

poison to Peter's cup. Then he cast* one long gloating* look upon his victim,* and wormed his way* with difficulty up the tree.

Peter slept on. It must have been around ten o'clock by the crocodile, when he suddenly sat up in his bed, wakened by what he didn't know. It was a soft, cautious* knock on the door of his tree.

Peter felt for his dagger and grabbed it.

"Who is that?" he asked.

There was no answer. Then came another knock.

"Who are you?"

Still no answer.

---

impertinent 건방진, 주제넘은   appearance 겉모습   mercy 자비, 인정
dimly 어스레하게, 어둑하게   obstacle 방해물   ledge (창문 아래 붙어 있는)
선반   carry about ~을 지니고 다니다   drug 약, 약제   lest A should
A가 ~하지 않도록   blend 섞다, 혼합하다   death-dealing 죽음을 초래하는,
치명적인   poison 독   come into one's possession ~의 손에 들어오다,
~의 소유가 되다   boil down 졸아들다, ~가 되다 졸이다   liquid 액체
virulent 맹독의, 치명적인   in existence 현존의, 존재하는   deadly 치명적인
cast 던지다   gloating 득의양양한   victim 희생자   worm one's way
빠져나오다   cautious 조심성 있는, 신중한

"I won't open unless you speak," Peter said.

Then at last the visitor spoke, in a lovely bell-like* voice.

"Let me in, Peter."

It was Tinker Bell, and quickly Peter opened the door. She flew in excitedly, her face flushed* and her dress stained* with mud.*

"What's the matter?"

"Oh, you could never guess*!" she cried. And she told Peter of the capture* of Wendy and the boys.

"I'll go and rescue* her!" cried Peter, grabbing his weapons. As he did so, he thought of something he could do to please poor Wendy. He decided to take his medicine.

His hand gripped the fatal medicine.

"No!" shrieked Tinker Bell, who had heard Hook mutter about what he had done as he sped* through the forest.*

"Why not?" asked Peter.

"It is poisoned."

"Poisoned? Who could have poisoned it?"

"Hook."

"Don't be silly. How could Hook have got down here?"

Alas, Tinker Bell had no answer, for she did not know the dark secret of Slightly's tree. Nevertheless,* she was sure the medicine was poisoned.

Peter raised the cup. Then, with one of her lightning* movements, Tinker Bell got between his lips and the medicine and drank it all.

"Tink, how dare you drink my medicine?"

---

bell-like 종 모양의, 종소리를 닮은 **flush** 확 붉어지다 **stain** 더러워지다, 얼룩지다 **mud** 진흙, 진창 **guess** 짐작하다, 추측하다 **capture** 포획, 생포 **rescue** 구출하다, 구하다 **speed** 급히 가다, 서두르다 **forest** 숲 **nevertheless** 그럼에도 불구하고 **lightning** 번개 같은, 아주 빠른

She could not answer him. She was already reeling* in the air.

"What is the matter with you?" cried Peter.

"It was poisoned, Peter," she said softly. "Now I am going to die."

"Oh, Tink! Did you drink it to save me?"

"Yes."

"But why, Tink?"

Her wings would scarcely* carry her now, but in reply she alighted on his shoulder and gave his nose a loving bite. She then tottered* to her apartment and lay down on the bed.

His face almost filled the whole opening to her little room as he knelt near her in distress.* Every moment her light was growing fainter. Peter knew that if it went out, she would be dead. Then Tinker Bell said something. Her voice was so low that at first he could not make out what she said. He listened more carefully. She was saying that she could get well again if children believed in fairies.

Peter panicked. There were no children there, and it was night time. Then he addressed* all who might be dreaming of the Neverland, and who were therefore nearer to him than you think: boys and girls in their pajamas.

"Do you believe in fairies?" he cried.

Tink sat up in bed to listen to her fate.

She thought she heard answers in the affirmative,* but then again she wasn't sure.

"What do you think?" she asked Peter.

"If you believe in fairies, clap your hands,*" Peter shouted to them. "Don't let Tink die."

---

reel 비틀거리다 scarcely 거의 ~ 않는 totter 비틀거리다 distress 고통, 괴로움 address 말을 걸다 affirmative 긍정적인 clap one's hands 손뼉을 치다

Many boys and girls clapped. Some didn't.

The clapping stopped suddenly, as if countless* mothers had rushed to their nurseries to see what on earth* was happening. But Tinker Bell was already saved. First her voice grew strong, then she popped out of bed. Soon she was flashing* through the room more merry and impudent* than ever.

"Now let's go to rescue Wendy and the boys!"

But which way was Peter to go? Now, Peter had taught the children something of the forest lore* that he had himself learned from Tiger Lily and Tinker Bell. Slightly, if he had an opportunity, would cut a mark* in the trees, Curly would drop seeds,* and Wendy would leave her handkerchief at some important place. Peter left at once.

The crocodile passed him, but not another living thing, not a sound, not a movement. As he ran, he swore a terrible oath*: "Hook or me this time." He was very, very happy.

---

countless 셀 수 없는, 무수한   **on earth** 도대체   **flash** 번쩍거리다
impudent 뻔뻔스러운, 무례한   **lore** 지식   **mark** 흔적, 자국   **seed** 씨
swear an oath 맹세하다

Chapter 14

The Pirate Ship

후크는 아이들을 회유하여 해적이 되게 하려고 하지만 실패한다.
후크가 아이들에게 널빤지 위를 걷게 하려고 하는 찰나
후크가 무서워하는 악어의 시계 소리가 들려온다.

One green light over Kidd's Creek,* which is near the mouth of the pirate river, marked where the brig,* the JOLLY ROGER, was. It was a dirty, rakish*-looking craft. Every beam* in her was detestable,* like ground strewn* with mangled* feathers. She was the cannibal* of the seas.

She was now wrapped* in the blanket of night. There was little sound, and none agreeable* except the noise of the ship's sewing machine. A few of the pirates were drinking in the mist* of the night. Others were sitting on the deck playing the games of dice* and cards.

Hook trod* the deck, deep in thought. It was his hour of triumph.* Peter had been removed* from his life for good.* All the other boys were in the brig, about to walk the plank. But there was no joy in his way of walking, which always kept pace with* the action of his gloomy mind. Hook felt profoundly dejected.*

---

creek 작은 만 **brig** 쌍돛대 범선 **rakish** (배가) 경쾌한, 속력이 빠를 것 같은 **beam** 들보, 갑판부 **detestable** 혐오할 만한, 몹시 싫은 **strew** 뿌리다, 흩뿌리다 **mangled** 난도질된, 엉망이 된 **cannibal** 식인종 **wrap** 감싸다 **agreeable** 기분 좋은, 쾌적한 **mist** 안개 **dice** 주사위 **tread** 걷다 **triumph** 승리, 정복 **remove** 제거하다, 없애다 **for good** 영원히 **keep pace with** ~와 보조를 맞추다 **dejected** 낙심한, 풀 죽은

He was often like this when looking back on his life* on board ship* in the calmness* of the night. It was because he was so terribly alone. This mysterious* man never felt more alone than when surrounded by his brutes.* They were socially* inferior* to him.

Hook was not his real name. To reveal* who he really was would set the country in a blaze* even to this day. But as some of you might have guessed, he had been at a famous public school.* Its traditions* still clung to him like garments.* Thus it was offensive to him even now to board* a ship in the same clothes in which he attacked her.

"I have no little children to love me!" he suddenly muttered to himself.

It was strange that he should think of this, which had never troubled him before. Perhaps the sewing machine* had brought it to his mind. For long he muttered to himself, staring at Smee. The pathetic* man was hemming* placidly,* under the conviction* that all children feared him.

Feared him? Feared Smee? There was not a child on board the brig that night who did not already love him. He had said horrible things to them. He had hit them with the palm* of his hand, because he could not hit with his fist,* but they had only clung to him more. Michael had even tried on his spectacles.

Hook wanted to tell poor Smee that the children thought him lovable, but that seemed too brutal.* Instead, he thought over this mystery in his mind: why do they find Smee lovable? If Smee was lovable, what made him so? Hook suddenly realized he was having unusual* thoughts. To snap out of it,* he called one of his men.

"You, there!" he said. "Are all the children chained so that they cannot fly away?"

"Aye, aye, captain."

"Then hoist* them up."

The poor prisoners* were dragged from the hold,* all except Wendy.

"Now then, six of you will walk the plank tonight," Hook said briskly.* "But I have room for two cabin boys.* Who wants to be a cabin boy?"

Wendy had told the boys not to irritate* Hook unnecessarily.* Tootles stepped forward politely.

"You see, sir," Tootles said, "I would love to be a pirate, but I don't think my mother would like me to be a pirate. Would your mother like you to be a pirate, Slightly?" He winked* at Slightly.

"I don't think so," answered Slightly. "Would your mother like you to be a pirate, Twin?"

"I don't think so," said the first twin. "Nibs, would…."

"Stop, stop, stop," roared* Hook. "You, boy, you look somewhat brave," he said. addressing John. "Did you never want to be a pirate?"

Now John had sometimes experienced this desire* before, so he was struck* by Hook's picking him out.

"I once thought of becoming a pirate and calling myself Red-handed Jack," he

---

unusual 별난, 유다른   snap out of it 기운을 내다, 기운을 내게 하다   hoist 끌어올리다   prisoner 죄수   hold 배의 짐칸, 화물창   briskly 활발하게, 씩씩하게   cabin boy 객실이나 선장실 등의 급사   irritate 화나게 하다   unnecessarily 불필요하게, 쓸데없이   wink 눈을 깜박이다   roar 고함치다   desire 욕망, 욕구   strike 감동시키다

said carefully.

"That is a good name. We'll call you that here, if you join."

"What do you think, Michael?" asked John.

"What would you call me if I join?" Michael asked.

"Black-beard* Joe."

Michael was impressed.*

"I don't know," said Michael. "You decide, John."

"Will we still be faithful* subjects* of the King?" John asked Hook.

"No," said Hook. "You would have to swear, 'Down with the King.'"

"Then I refuse," said John, banging* the barrel* in front of Hook.

"And I refuse," cried Michael.

"That decides your fate!" cried Hook. "Bring up their mother and get the plank ready."

The boys went pale as they watched Jukes and Cecco preparing the fatal plank. But they tried to look brave when Wendy was brought up.

"So, my beauty," said Hook, "you will now watch your children walk the plank."

"You're going to kill them?" asked Wendy with such hatred in her voice that Hook nearly fainted.

"Yes, they are to die," he snarled.* "If you have anything to say to them, now is the time."

"These are my last words, dear boys," Wendy said grandly. "I feel as if I have a message to you from your real mothers, and it is this: 'We hope our sons will die like English gentlemen.'"

Even the pirates were awed.*

---

beard 턱수염 **impressed** 감명을 받은 **faithful** 충실한 **subject** 백성, 국민 **bang** 탕 치다 **barrel** 통 **snarl** 으르렁거리다 **awed** 경외하여

"Tie her up!" Hook shouted.

Hook smiled with his teeth closed, and took a step toward Wendy. His intention* was to turn her face so that she should see the boys walking the plank one by one. But he never reached her, he never heard the shriek he hoped to hear from her. He heard something else, something much more terrible, instead.

It was the terrible tick-tick of the crocodile. The sound was coming from the water, and it seemed to be coming closer and closer. Everyone knew that it was coming for Hook.

"Hide me!" Hook screamed instantly.

The pirates gathered around him, all eyes turned away* from the thing that was coming aboard. They were not going to fight. It was Fate.

Only when Hook was hidden from them did curiosity loosen* the limbs* of the boys. They rushed to the ship's side to see the crocodile climbing it. Then they got the biggest surprise of the Night of Nights. It was no crocodile that was coming to their aid.* It was Peter.

He signed to them not to make any noise. Then he continued ticking.

---

intention 의도, 목적 turn away 외면하다 loosen 느슨해지다 limb 팔다리 come to one's aid ~을 도우러 오다(가다)

Chapter 15

"Hook or Me This Time"

피터 팬이 아이들을 구하러 해적선에 온다.
피터는 선실로 숨어 들어가서 선실로 들어오는 해적들을 해치운다.
후크와 피터 사이에는 최후의 결투가 벌어지고
마침내 피터가 승리를 거둔다.

The last time we saw Peter, he was stealing across* the island with one finger to his lips and his dagger at the ready. He had seen the crocodile pass by without noticing* anything strange about it. But by and by he remembered that it had not been ticking. At first he thought this was strange, but soon concluded rightly* that the clock had run down.*

Peter began to consider how he could turn this to* his own use. He decided to tick, so that wild beasts would believe he was the crocodile and let him pass undisturbed.* He ticked very well, but with one unforeseen* result. The crocodile was among those who heard the sound, and it followed him. Maybe the crocodile was chasing him thinking he had stolen the clock, or merely as a friend under the belief that it was again ticking itself. We will never know. We can be sure of one thing, however, and that is that the crocodile was a very stupid beast.

Peter reached the shore without mishap,* and went straight on. As he

steal across ~을 빠져나가다   notice 알아채다, 인지하다   rightly 정확히, 바르게   run down (시계가) 멈추다   turn A to B A를 B로 바꾸다 undisturbed 방해를 받지 않은, 평온한   unforeseen 예측하지 못한, 뜻밖의 mishap 작은 사고, 불행

swam, he had only one thought: "Hook or me this time."

Peter had forgotten that he was ticking by the time he had climbed the side of the brig. Thus he was amazed to see the pirates cowering* from him, with Hook in their midst* as abject* as if he had heard the crocodile.

It was at this moment that Ed Teynte, the quartermaster,* emerged from the forecastle* and came along the deck. Peter immediately stabbed him in the heart. John clapped his hands on the ill-fated* pirate's mouth to shut off* the dying* groan. He fell. Four boys caught him to prevent the noise. Peter gave the signal, and the body was thrown overboard. There was a splash, and then silence.

Peter vanished into the cabin on tiptoes. Meanwhile, none of the pirates had the courage* to look around. They could hear each other's distressed* breathing now, which made them realize that the more terrible sound had passed.

"It's gone, captain," Smee said.

Hook listened intently.* There was not a single sound, and he drew himself up firmly to his full height.*

"Then let's get on with it! Make the boys walk the plank!" Hook cried, hating the boys more than ever because they had seen him frightened.

"Do you want a taste of the cat-o'-nine-tails* before you walk the plank?"

At that, the boys fell to their knees.

"No, no!" they cried so piteously* that every pirate smiled.

"Fetch the cat-o'-nine-tails, Jukes," said

---

cower 몸을 숙이다, 웅크리다   midst 한복판, 한가운데   abject 비참한, 절망적인   quartermaster 조타수, 갑판수   forecastle 선원 선실   ill-fated 불운한, 불행한   shut off 차단하다   dying 죽어가는   courage 용기 distressed 고민하는, 괴로운   intently 집중해서, 골똘하여   height 신장, 키 cat-o'-nine-tails 아홉 개의 끈을 단 채찍   piteously 불쌍하게, 비참하게

Hook. "It's in the cabin."

But Peter was in the cabin! The children gazed at each other.

"Aye, aye," said Jukes happily as he strode* into the cabin.

After a few seconds, a dreadful screech came from the cabin. It wailed through the ship, and died away. Then was heard a crowing sound, which was well understood by the boys. But to the pirates, it was almost more frightening than the screech.

"What was that?" cried Hook.

The Italian Cecco hesitated for a moment and then ran into the cabin. He tottered out haggardly.*

"What's the matter with Bill Jukes?" asked Hook.

"He's been stabbed to death," replied Cecco in a hollow voice.

"Bill Jukes is dead?" cried the startled*

pirates.

"The cabin's as black as a pit,*" Cecco said. "But there is something terrible in there. It's the thing we heard crowing."

"Cecco," Hook said in his most steely* voice, "go back and bring me whatever it is that killed Jukes."

Cecco, bravest of the brave, cowered before his captain.

"No, captain, I can't!" he cried, but Hook raised his claw.

"Are you disobeying* my order, Cecco?" he said.

Cecco went, and again came a screech and again a crow.

"Who is to bring me that rooster*?"

"Wait till Cecco comes out," said Starkey.

---

stride 성큼성큼 걷다 haggardly 초췌하게 startled 놀란 as black as a pit 새까만, 아주 어두운 steely 냉혹한, 강철 같은 disobey 불복종하다 rooster 수탉

"I think I heard you volunteer,* Starkey," said Hook.

"Captain, have mercy*!" cried Starkey.

As Starkey backed up, Hook advanced, and now the red spark* was in his eye. With a despairing* scream, Starkey threw himself into the sea.

"And now, I'll bring out that rooster myself," Hook said courteously,* seizing a lantern and raising his claw with a menacing* gesture.* With that, he disappeared into the cabin.

After a few moments, Hook came staggering* out without his lantern.

"Something blew out the light," he said unsteadily.*

"What happened to Cecco?" asked Noodler.

"He's dead," said Hook.

His reluctance* to return to the cabin made his men nervous. Then Hook caught a glimpse of* his prisoners, and his face lit up again.

"Lads, I have an idea," he cried to his crew. "Open the cabin door and throw in those children. Let them fight whatever is in there for their lives. If they kill it, we're so much the better. If it kills them, we're none the worse."

For the last time, the pirates admired Hook. The boys, pretending to struggle,* were pushed into the cabin and the door was shut behind them.

In the cabin, Peter had found the thing he was looking for: the key that would free the children of their manacles.* Now they all stole forth, armed with all the weapons they could find. While the boys were

---

volunteer 자발적으로 나서다　**mercy** 자비　**spark** 불꽃　**despairing** 절망적인, 자포자기한　**courteously** 정중하게, 친절하게　**menacing** 위협적인, 공갈하는　**gesture** 몸짓, 손짓　**stagger** 비틀거리다　**unsteadily** 불안정하게　**reluctance** 싫음, 마지못해 함　**catch a glimpse of** ~을 얼핏 보다, 흘끗 보다　**struggle** 발버둥 치다, 몸부림치다　**manacle** 수갑, 속박

hiding, Peter cut Wendy's bonds.* Now nothing could have been easier than for them all to fly off together. But one thing held Peter back.* It was the oath, "Hook or me this time." So when he freed Wendy, he whispered for her to hide herself with the others. He took her place by the mast, with her cloak around him so that the pirates would mistake him for* her. He then took a great breath and crowed.

The pirates naturally* took this as a sign that all the boys had been killed. They were panic-stricken.* Now, like dogs, they showed Hook their fangs.* He knew that if he took his eyes off them now they would leap* at him.

"Lads, I know what the problem is," he said. "It's the girl. It's bad luck to have a woman on board a ship.* She needs to go."

"It's worth* trying," the pirates said doubtfully.

"Throw the girl overboard," cried Hook. The pirates made a rush at the figure in the cloak.

"No one can save you now, missy,*" Mullins said.

"One person can," replied the figure.

"Who's that?"

"Peter Pan the avenger*!" cried Peter, throwing off his cloak. Then they all knew who it was that had been doing all the killing in the cabin.

"Kill him!" cried Hook.

"Now, boys!" Peter's voice rang out. In another moment, the clash of arms was resounding* through the ship.

Had the pirates kept together, they would certainly* have won. But the battle

---

bond 끈, 묶은 것 hold back 제지하다 mistake A for B A를 B로 착각하다 naturally 당연히, 물론 panic-stricken 공황 상태에 빠진, 당황한 fang 송곳니 leap 오르다, 도약하다 on board a ship 배 안에(서) worth ~할 가치가 있는 missy 아가씨 avenger 복수하는 사람 resound 울리다, 울려 퍼지다 certainly 확실히, 틀림없이

had begun when they were still shocked by the incidents in the cabin. They ran here and there, striking wildly, each thinking himself the last survivor* of the crew. Man to man they were the stronger, but they lost because they fought on the defensive* only. This enabled* the boys to hunt in pairs* and choose* their prey. Some of the villains jumped into the sea, others hid in dark recesses,* where they were found and killed by the boys.

All the pirates were gone by the time a group of savage boys surrounded Hook.

"Put away your swords, boys," said Peter. "This man is mine."

Now, suddenly Hook found himself face to face with Peter. The others stepped back and formed* a ring around them.

For long, the two enemies stared at each other. Hook shuddered slightly, and Peter had a strange smile on his face.

"So, Pan," said Hook at last, "you were behind all this."

"Aye, James Hook," came the stern answer, "it was me."

"Proud and insolent youth,*" said Hook, "prepare to die."

"Dark and sinister man," Peter answered, "prepare to meet your death."

Without more words, they began fighting. Peter was a superb* swordsman* and moved with dazzling* rapidity.* Hook was just as brilliant* but not quite so nimble* in wrist* play. After a few minutes, Peter managed to pierce* Hook in the ribs.* At the sight of his own blood, the sword fell from Hook's hand. He was now at Peter's mercy.*

---

survivor 생존자 **defensive** 방어적인, 수비의 **enable** ~할 수 있게 하다 **in pairs** 한 조가 되어 **choose** 고르다, 선택하다 **recess** 후미진 곳 **form** 만들다, 형성하다 **youth** 젊은이, 청년 **superb** 훌륭한, 멋진 **swordsman** 검객, 검술가 **dazzling** 눈부신, 휘황찬란한 **rapidity** 급속, 신속 **brilliant** 훌륭한 **nimble** 민첩한, 재빠른 **wrist** 손목 **pierce** 꿰찌르다 **rib** 갈비뼈, 갈빗대 **at one's mercy** ~의 처분대로

Seeing Peter slowly advancing toward him through the air with his dagger, Hook jumped onto the bulwarks* to dive into the sea. He did not know that the crocodile was waiting for him below. At this moment, Peter jumped through the air and kicked Hook overboard.

Thus died James Hook.

Wendy had been standing by taking no part in* the fight, watching Peter with glistening* eyes. She praised* all the boys equally,* and shuddered delightfully when Michael showed her the place where he had killed one of the pirates. She took them into Hook's cabin and pointed to his clock which was hanging on a nail.* It was half-past one!

Wendy put the boys to bed in the pirates' bunks*; all but Peter, who strutted* up and down on the deck, until at last he fell asleep by the side of Long Tom.

Chapter 16

The Return Home

웬디와 아이들이 집에 도착한다.
달링 씨는 자신의 행동을 뉘우치며 개집에서 지내고 있고
달링 부인은 아이들 생각에 눈물을 흘리며 피아노를 친다.
아이들은 몰래 침대로 들어가 엄마를 기다린다.

Wendy and the boys, under the guidance of* Captain Pan, made their way* to the mainland* on board the JOLLY ROGER. They had a jolly* good

---

bulwark 뱃전에 설치한 울타리   take part in ~에 참가하다   glistening 반짝반짝 빛나는   praise 칭찬하다   equally 똑같이, 평등하게   nail 못   bunk 침대   strut 점잔 빼며 걷다, 활보하다   under the guidance of ~의 안내로   make one's way 나아가다   mainland 본토   jolly 즐거운, 유쾌한

time, for sure, but we will not spend time observing* them. Instead, we must now return to that desolate* home from which three of our characters* had heartlessly* flown away so long ago.

The only change to be seen in the nursery is that between nine and six the kennel is no longer there. When the children flew away, Mr. Darling felt that all the blame* was his for having chained Nana up, and that she had been wiser than him all along. Of course, as we have seen, he was quite a simple man. But he also had a noble sense of justice* and a lion's courage to do what seemed right to him. Having thought the matter out carefully after the flight* of the children, he went down on all fours and crawled into the kennel. To all Mrs. Darling's invitations to him to come out, he replied sadly but firmly, "No, this is the place for me."

On the eventful* Thursday of the children's return, Mrs. Darling was in the nursery. Her husband was inside the kennel again.

"George," she said, "can you please come out of the kennel?"

"No, this is my punishment.*"

"Is it really punishment, George? Are you sure you are not enjoying it?"

"My love!" Feeling drowsy,* he curled around* in the kennel. "Can you please shut that window? I felt a draft.*"

"Oh, George, never ask me to do that. The window must always be left open, just in case the children come back."

Mrs. Darling turned off the lights and went to the drawing room. At this

---

observe 관찰하다, 주시하다 desolate 황량한, 황폐한 character 등장인물
heartlessly 무정하게, 냉혹하게 blame 책임, 탓 justice 정의 flight 비행,
날기 eventful 다사한, 사건 사고 많은 punishment 징벌, 징계 drowsy
졸리는 curl around 몸을 둥글게 말다 draft 틈새 바람, 외풍

moment, Peter and Tinker Bell flew into the nursery.

"Quick Tink, close the window," he whispered. "Lock it! That's right. Now you and I must get away through the door. And when Wendy comes, she will think her mother has barred her out. Then she will have no choice but to go back with me."

This was the reason Peter had accompanied Wendy and the boys to the mainland.

On his way out, Peter peeped into the drawing room and saw that Mrs. Darling was sobbing bitterly.

"She would probably want me to unbar* the window," thought Peter, "but I won't! I won't!"

He peeped again, and Mrs. Darling was still crying.

"She must love Wendy very much," he

said to himself.

He tried to ignore her, but he couldn't.

"Oh, all right," he said at last, holding back tears.* Then he unbarred the window. "Come on, Tink," he cried, "we don't want any silly mothers." With that, they flew away.

Thus Wendy and John and Michael found the window open for them. They alighted on the floor, and the youngest one had already forgotten his home.

"John," he said, looking around, "I think I have been here before."

"Of course you have, you silly. That is your bed over there."

"So it is," Michael said without much conviction.

"Look!" cried John. "There's the kennel!"

---

unbar 빗장을 벗기다 hold back tears 눈물을 참다

"Maybe Nana is inside it," Wendy said.

"No," John said, "I think there's a man inside it."

"It's Father!" cried Wendy.

Just then, they heard the sound of the piano.

"It's Mother!" cried Wendy, peeping. "I have a great idea. Let's all slip into our beds and be there when she comes in, just as if we had never been away."

And thus when Mrs. Darling went back to the nursery to see if her husband was asleep, all the beds were occupied.* The children waited for her cry of joy, but it did not come. She saw them, but she did not believe they were really there. She saw them in their beds so often in her dreams that she thought this was just a dream.

She sat down in the chair by the fire and opened a book.

The children could not understand this,

and a cold fear fell upon all three of them.

"Mother!" Wendy cried.

"That's Wendy," she said, but she still thought she was dreaming.

"Mother!"

"That's John," she said.

"Mother!" cried Michael.

"That's Michael," she said, and she stretched out her arms for the three little selfish* children. To her surprise, her arms actually went around Wendy and John and Michael, who had slipped out of bed and run to her.

"George, George!" she cried at last. And Mr. Darling woke to share her joy, and Nana came rushing in. It was the loveliest sight, but there was no one there to see it except a little boy who was staring in at the window.

---

occupy 차지하다 selfish 이기적인

Chapter 17

When Wendy Grew Up

길 잃은 아이들은 모두 웬디 부부에게 입양된다.
피터는 매년 봄에 웬디를 일주일간 네버랜드로 데려가기로 한다.
하지만 피터는 한참동안 웬디를 찾아오지 않고
웬디가 어른이 된 어느 날 갑자기 다시 나타난다.

I hope you want to know what happened to the other boys. They were waiting below to give Wendy time to explain to her parents about them. After counting to five hundred, they went up. They stood in a row in front of Mrs. Darling with their hats off. They said nothing, but their eyes begged her to have them.

Of course Mrs. Darling said at once that she would adopt them. Mr. Darling, on the other hand,* seemed somewhat depressed. They could tell that he considered six a rather large number.

"I must say that you don't do things by halves," he said to Wendy.

The first twin, who was very proud, felt offended.*

"Do you think we would be too much of a handful,* sir?" he said. "If so, we can go away."

"Father!" Wendy cried, astounded.* He knew he was behaving badly, but he could not help it.

"We could lie on top of each other," said Nibs.

---

on the other hand 반면에, 그에 반해서   feel offended 비위가 상하다, 부아가 나다   handful 다루기 힘든 사람, 손이 가는 사람   astounded 깜짝 놀란

"I cut their hair myself," said Wendy.

"George!" Mrs. Darling cried, pained* to see her husband showing himself in such an unfavorable* person.

Then he burst into tears, and he told the truth. He was as glad to have them as Mrs. Darling was, he said, but he thought they ought to have asked his consent* as well as hers. So it was agreed that the lost boys would live with the Darlings.

As for Peter, he saw Wendy once again before he flew away. He flew by the window to say goodbye.

"Goodbye, Wendy," he said.

"Are you going away?"

"Yes."

Mrs. Darling came to the window. She told Peter that she had adopted all the other boys, and that she would like to adopt him as well.

"Will you send me to school?" he asked.

"Yes."

"And then to an office?"

"I suppose so."

"And soon I would become a man?"

"Very soon."

"I don't want to go to school and learn serious things," he told her passionately. "I don't want to be a man."

"But where are you going to live? And who's going to keep you company?"

"I'll live with Tink in the house we built for Wendy. The fairies can help me put it high up among the tree tops."

"I thought all the fairies were dead," said Mrs. Darling.

"There are always a lot of young ones," explained Wendy, "because when a new baby laughs for the first time a new fairy is born. As there are always new babies, there

---

pain 고통스럽게 하다 unfavorable 호의적이 아닌 consent 동의, 승낙

are always new fairies. They live in nests on the tops of trees. The purple* ones are boys and the white ones are girls, and the blue ones are the ones who are not sure what they are."

"I will have so much fun," said Peter, looking into Wendy's eyes.

"It will be lonely in the evenings, sitting by the fire," she said.

"I will have Tink. Besides, if you're so worried about me, just come with me to the little house."

"Can I, Mummy?"

"Certainly not. I have finally got you home again. You're not leaving anytime soon."

"But he needs a mother."

"So do you, my love."

"Oh, all right," Peter said, as if he did not care. But Mrs. Darling saw his mouth twitch.* So she made a kind offer: to let

Wendy go to him for a week every year to do his spring cleaning. This promise allowed Peter to go away feeling happy once again.

"Peter," said Wendy just before he flew away, "you won't forget me, will you, before spring cleaning time comes?"

"Of course not," Peter said with a smile, and then he flew away.

From the very next day, all the boys went to school. Just after a week of school, they realized what fools they had been not to remain on the island. But it was too late now. Soon they settled down* to being as ordinary as you or me. It is sad to have to say that the power of flight gradually* left them. At first, Nana tied their feet to the bedposts so that they would not fly away in the night. But by and by they stopped

---

purple 자주색 **twitch** 씰룩거리다 **settle down** 정착하다 **gradually** 차차, 점차로

tugging at their bonds in bed. In time,* they could not even fly from one end of the room to the other. They blamed this on lack* of practice,* but what it really meant was that they no longer believed.

Michael believed longer than the other boys, so he was with Wendy when Peter came for her at the end of the first year. She flew away with Peter in the dress she had woven* from leaves and berries in the Neverland. Her one fear was that he might notice how short it had become. However, he never noticed because he had so much to say about himself.

She had looked forward to thrilling talks with him about their adventures, but new adventures had replaced the old ones in his mind.

"Who is Captain Hook?" he asked with interest when she spoke of his old enemy.

"Don't you remember how you killed

him and saved all our lives?" she asked, surprised.

"I forget them after I kill them," he answered carelessly.

When Wendy expressed* a doubtful hope that Tinker Bell would be glad to see her he said, "Who is Tinker Bell?"

"Oh, Peter," she said, shocked. But even when she explained, he could not remember.

"There are too many fairies," he said. "I can't remember them all. Maybe she died."

He was probably right. Fairies don't live long.

Wendy was sad to find that the past year had felt like yesterday to Peter. It had seemed such a long year of waiting to her. But he was just as fascinating as ever, and they had a lovely spring cleaning in the

---

in time 이윽고 lack 부족, 결핍 practice 연습, 실습 weave (옷감을) 짜다, 엮다 express 표현하다, 나타내다

little house on the tree tops.

The following year he did not come for her. She waited for him in a new dress because the old one simply did not fit her. But he never came.

"Maybe he is ill," Michael said.

"You know he is never ill."

"Maybe there is no such person, Wendy!" he whispered. Wendy would have cried if Michael had not been crying.

Peter came the next year. The strange thing was that he did not know he had missed a year.

That was the last time the girl Wendy ever saw Peter Pan. Years flew by, and when they met again Wendy was a married* woman. Peter was no more to her than a little dust in the box in which she had kept her toys. Wendy had grown up. You don't need to be sorry for her. She was one of the kind that likes to grow up.

All the boys were grown up as well by this time. You may see the twins and Nibs and Curly every day going to an office, each carrying a little bag and an umbrella. Michael is a train engineer. Slightly married a lady of title, and so he became a lord.* You see that judge* coming out of the court*? That's Tootles. The bearded* man who doesn't know any stories to tell his children is John.

Wendy was married in a beautiful white dress with a pink sash.* It is strange how Peter did not fly by the church to make a formal* objection* to the marriage.

Years passed by again, and Wendy had a daughter. She was called Jane, and always had a strange, inquiring* look. When she was old enough to start asking questions,

---

married 결혼한 lord 귀족 judge 재판관, 법관 court 법정, 법원
bearded 수염이 있는 sash 허리띠 formal 격식을 차린, 정중한 objection
반대, 이의 inquiring 캐묻기 좋아하는, 호기심에 찬

they were mostly* about Peter Pan. Wendy told her all she could remember in the very nursery from which the famous flight had taken place.* It was Jane's nursery now. Mrs. Darling died some time ago and had long been forgotten.

There were only two beds in the nursery now, Jane's and her nurse's. There was no kennel, for Nana had also died.

Once a week, Jane's nurse had her evening off. Then it was Wendy's turn to put Jane to bed. That was the time for her stories. It was Jane's idea to raise the sheet over her mother's head and her own, thus making a tent and in the darkness to whisper:

"What do we see now?"

"I don't think I see anything tonight," says Wendy.

"Of course you do," says Jane. "You see when you were a little girl."

"That was a long time ago, sweetheart,*" says Wendy. "Ah! How time flies!"

"Does it fly the way you flew when you were a little girl?" asks Jane.

"The way I flew? You know, Jane, I sometimes wonder whether I ever did really fly."

"Yes, you did. But why can't you fly now, Mother?"

"Because I am grown up. When people grow up, they forget how to fly."

"Why do they forget?"

"Because they are no longer cheerful and innocent.* It is only the cheerful and innocent that can fly."

"What is cheerful and innocent? I do wish I were cheerful and innocent."

Now perhaps Wendy does see something.

"I do believe that it was this nursery,"

---

mostly 대개, 주로 **take place** 일어나다 **sweetheart** 애야, 자기야 (사랑하는 사람을 부르는 호칭) **innocent** 순진한, 천진난만한

she says.

"I do believe it was," says Jane. "Go on."

Wendy now begins to narrate the great adventure of the night when Peter flew in looking for his shadow.

"The foolish boy tried to stick it on with soap," says Wendy. "When he could not, he began to cry. That woke me, and I sewed it on for him."

"You have missed a bit," interrupts Jane, who now knows the story better than Wendy. "When you saw him sitting on the floor crying, you said something, didn't you?"

"I sat up and I said, 'Boy, why are you crying?' And then he flew us all away to the Neverland and the fairies and the pirates and the redskins and the mermaids' lagoon, and the home under the ground, and the little house."

"What was the last thing Peter Pan said

to you?"

"He said, 'Just always be waiting for me, and then some night you will hear me crowing.' But then he forgot all about me."

A few nights later came the tragedy. It was the spring of the year, and Jane was now asleep in her bed. Wendy was sitting on the floor, very close to the fire. Suddenly, the window blew open, and Peter dropped in on the floor.

He was exactly the same as ever, and Wendy saw that he still had all his first teeth.

He was a little boy, and she was a grown-up.

"Hello, Wendy," he said, seeming not to notice any difference. As usual, he was thinking chiefly* of himself.

"Hello, Peter," she replied faintly.

---

chiefly 주로

Something inside her was crying, "Woman, Woman, let go of me."

"Where is John?" he asked.

"John is not here," she said.

"Is Michael asleep?" he asked, glancing carelessly at Jane.

"Yes," she answered. "But that is not Michael."

"Is it a new child?"

"Yes."

"Boy or girl?"

"Girl."

Peter still did not realize that Jane was Wendy's daughter.

"Peter," she said, "did you come hoping that I would fly away with you?"

"Of course. It's time for spring cleaning."

She knew it would be useless to say that he had let many springs pass by without coming to get her.

"I can't come," she said. "I don't know how to fly anymore."

"I'll teach you again."

"Oh, Peter, don't waste the fairy dust on me."

She rose, and now at last a fear assailed* him.

"What is it?" he asked, shrinking.*

"I will turn up the light so that you can take a better look at me," she said.

For the first time in his life, Peter was afraid.

"Don't turn up the light," he begged.

Wendy let her hands play in the hair of the tragic* boy. She was no longer a little girl, heartbroken* over him. She was a grown woman smiling at it all, but her eyes were still wet.

She turned up the light, and Peter saw

---

assail 몹시 괴롭히다 shrink 움츠러들다 tragic 비참한, 애처로운
heartbroken 비통해하는

her. He gave a cry of pain. When the tall beautiful woman stooped* to lift him in her arms, he drew back sharply.

"What happened?" Peter cried.

"I am old, Peter. I grew up long ago."

"You promised not to!"

"I couldn't help it. I am a married woman now, Peter. And the little girl in the bed is my baby."

He took a step toward the sleeping child and looked at her carefully. Then he sat down on the floor and sobbed. Wendy did not know how to comfort him, though she used to do it so easily. She was only a woman now. She ran out of the room to try to think.

Peter continued to cry, and eventually his sobs woke Jane. She was not surprised. In fact, she was rather interested.

"Boy," she said, "why are you crying?"

Peter rose and bowed politely to her,

and she bowed to him from the bed.

"Hello," he said.

"Hello," said Jane.

"My name is Peter Pan," he said.

"Yes, I know."

"I came back for my mother to take her to the Neverland," he said.

"I know," Jane said. "I have been waiting for you."

When Wendy returned, she found Peter sitting on the bedpost crowing gloriously.* Jane was flying around the room.

"She is my mother," Peter said. Jane descended* and stood by his side.

"He needs a mother," Jane said.

"Yes, I know," Wendy said. "No one knows it more than me."

"Goodbye," Peter said to Wendy. He rose in the air, and Jane rose with him.

---

stoop 상체를 굽히다, 웅크리다   gloriously 훌륭하게, 멋지게   descend 내려가다, 내려오다

Wendy ran to the window.

"No, no," she cried.

"It is just for spring cleaning," Jane said.

"If only I could go with you," Wendy said with a sigh.

"But you can't fly," said Jane.

In the end, Wendy let them fly away together. Our last glimpse of her shows her at the window, watching them disappear into the sky.

All this happened long ago. Jane is now a grown-up, with a daughter called Margaret. And every spring, except when he forgets, Peter comes for Margaret and takes her to the Neverland. When Margaret grows up she will have a daughter, who in turn will become Peter's mother. And thus it will go on, so long as children are cheerful and innocent.

전문번역

피터, 빠져나오다

p.12 한 아이를 제외하고 모든 아이들은 어른이 된다. 아이들은 모두 어느 날 자신이 어른이 될 것이라는 것을 알게 된다. 이것은 웬디가 그 사실을 발견하게 된 경위이다. 두 살이던 어느 날, 웬디는 정원에서 놀고 있었다. 웬디는 꽃을 한 송이 꺾어서 그것을 자기 엄마에게 가지고 갔다.

"오!" 달링 부인이 딸을 팔로 안아 주며 소리쳤다. p.13 "이 꽃처럼 너를 영원히 이대로 두면 좋으련만!"

그때부터 웬디는 자신이 머지않아 어른이 될 것임을 알았다.

웬디의 엄마는 낭만적인 마음을 가지고 있는 아름다운 부인이었다. 부인이 아가씨였을 적에 청년이었던 많은 신사들은 그녀를 사랑한다는 것을 동시에 깨달았다. 달링 씨를 제외한 신사들은 모두 청혼을 하려고 그녀의 집으로 달려갔지만, 달링 씨는 마차를 잡아타고 가장 먼저 도착했다. 그것이 달링 씨가 그녀를 차지한 경위이다.

달링 씨는 웬디에게 달링 부인이 자신을 사랑할 뿐만 아니라 자신을 대단하게 여기기도 한다는 것을 자랑하곤 했다. 달링 씨는 주식과 배당에 관하여 알고 있는 사람들 중 한 명이었다. 달링 씨는 종종 어떠한 여자라도 그를 대단히 여길 방식으로 주식이 올랐다느니 배당이 떨어졌다느니 하는 이야기를 했다.

p.14 웬디는 달링 부인의 맏이였다. 웬디 다음에는 존이, 그 다음에는 마이클이 태어났다. 머지않아 아이들 셋이 유모를 동반하고 한 줄로 서서 미스 풀섬의 유치원으로 가고 있는 것이 종종 눈에 띄었다.

달링 씨는 자기 이웃들과 조금도 틀린 점 없이 같아지려고 하는 것에 열의가 있었다. 그래서 물론 그들에게는 보모가 있었다. 하지만 아이들이 마시는 우유의 양 때문에 그들은 풍족하지 못했으므로 이 보모는 나나라고 불리는 고지식한 뉴펀들랜드 종 개였다. 나나는 최고로 도움을 많이 주는 보모인 것으로 입증되었다. 나나는 목욕 시간에 철저했고, 아이들 중 한 명이 조금이라도 울면 한밤중에도 가장 먼저 일어났다.

당연히 나나의 개집은 아이들 방에 있었다. 나나는 언제나 세 아이들을 유치원까지 바래다주었다. 미스 풀섬 유치원의 지하실에는 보모들을 위한 대기실이 있었다. p.15 보모들은 의자에 앉아 있는 반면 나나는 바닥에 누워 있었다. 그것이 유일한 차이점이었다. 나나는 다른 보모들의 경박한 대

화를 경멸했다.

어떠한 보모도 이보다 더 바르게 처신할 수는 없었다. 달링 씨는 이를 알았으나, 때로는 이웃들이 수군거리는 것은 아닌지 불편한 마음으로 궁금하게 여겼다. 이러니저러니 해도 달링 씨에게는 고려해야 할 평판이 있었던 것이었다.

나나 역시 다른 방식으로 달링 씨를 불편하게 여겼다. 달링 씨는 때때로 나나가 자신을 좋아하지 않는다고 느꼈다. "걱정하지 마요, 조지, 나나가 당신을 아주 많이 좋아한다는 것을 나는 알아요."라고 달링 부인은 달링 씨를 안심시켰다. 그런 다음 아이들에게는 아빠에게 잘하라고 몰래 신호를 보내곤 했다.

p.16 그들은 피터 팬이 오기 전까지는 가장 수수하고 행복한 가족이었다.

달링 부인은 아이들이 잠자리에서 서로에게 이야기하는 소리를 우연히 들었을 때 피터에 관해 처음 들었다.

"피터가 누구니?" 달링 부인이 물었다.

"그 애는 피터 팬이에요, 엄마." 웬디가 대답했다.

자신의 어린 시절을 돌이켜 생각해 보다가 달링 부인은 요정들과 함께 산다고 하는 피터 팬을 기억해 냈다. 피터 팬에 관한 이상한 이야기들이 있었다. 예를 들어, 아이들이 죽으면 그 아이들이 두려움에 떨지 않도록 피터 팬이 그들과 일정 거리를 같이 가 준다는 것이었다. 달링 부인은 당시 피터 팬을 믿었다. 하지만 이제 그녀는 완전히 다 자랐기 때문에 달링 부인은 그러한 사람이 있기나 한 것인지 의심스러웠다.

"더구나 지금쯤이면 피터 팬도 어른이 되었을 거야." 달링 부인이 웬디에게 말했다.

p.17 "오, 아니에요. 그 애는 자라지 않았어요." 웬디가 말했다. "그 애는 딱 저 만해요." 웬디의 말은 신체적으로는 물론 정신적으로도 자기 크기라는 의미였다. 자신이 어떻게 아는지는 몰랐지만, 웬디는 그것을 확신했다.

달링 부인은 약간 걱정이 되어 달링 씨에게 말했다.

"내 말 잘 들어요, 여보." 달링 씨가 미소를 지으며 말했다. "그것은 나나가 아이들의 머리에 집어넣어 온 어리석은 생각일 뿐이오. 개나 가지고 있을 법한 생각이라는 말이오. 걱정하지 마시오. 곧 사그라질 테니까."

하지만 그것은 사그라지지 않았다. 머지않아 그 성가신 아이는 달링 부인에게 꽤 큰 충격을 주었다.

어느 날 아침 나뭇잎 몇 장이 아이들 방의 바닥에서 발견되었는데, 그 잎들은 아이들이 잠자러 갈 때에는 그곳에 없던 것이었다. p.18 달링 부인은 그 나뭇잎들에 대해 골똘히 생각하고 있었다.

"또 피터 팬이었던 것이 분명해요!" 웬디가 미소를 지으며 말했다.

"그것이 무슨 말이니?" 달링 부인이 물었다.

"피터가 발을 닦지 않는 것은 매우 무례해요." 웬디가 한숨을 쉬며 말했다. 웬디는 깔끔한 여자아이였다. "제 생각에는 때때로 피터가 밤중에 저희 방으로 오는 것 같아요. 피터는 제 침대 발치에 앉아 피리를 불죠. 제가 어떻게 아는지는 모르지만, 저는 그냥 알아요."

"말도 안 되는 소리를 하는구나, 웬디!" 달링 부인이 말했다. "노크를 하지 않고서는 아무도 집 안으로 들어올 수 없단다."

"제 생각에 피터는 창문으로 들어오는 것 같아요." 웬디가 말했다.

"얘야, 창문은 3층 높이에 있잖니."

"하지만 나뭇잎들이 창문 밑에 있잖아요, 그렇지 않나요, 엄마?"

p.19 이것은 사실이었다. 나뭇잎들은 창문 바로 근처에서 발견돼 왔다. 달링 부인은 어떻게 생각해야 할지 몰랐다.

"얘야, 왜 전에는 이 이야기를 하지 않았니?" 달링 부인이 소리쳤다.

"잊어버렸어요." 웬디가 말했다.

'분명히 이 아이는 꿈을 꾸어 오고 있었던 거야.' 달링 부인은 생각했다.

하지만 나뭇잎들은 어떻게 된 것일까? 달링 부인은 그 나뭇잎들을 아주 주의 깊게 조사했다. 달링 부인은 그 나뭇잎들이 영국에서 자라는 그 어떤 나무에서도 나온 것이 아님을 확신했다. 그런 다음 달링 부인은 창문에서 보도까지 끈을 아래로 내려뜨렸다. 끈은 30피트를 떨어졌고, 발을 딛고 올라올 홈통조차도 없었다.

'웬디가 꿈을 꾸어 오고 있었던 것이 분명해.' 달링 부인은 생각했다.

p.20 하지만 바로 다음 날 밤이 보여 주었듯이 웬디는 꿈을 꾸어 오고 있었던 것이 아니었다.

그날 밤 아이들은 모두 또 다시 잠자리에 든 상태였다. 마침 나나가 일을 쉬는 밤이었고, 달링 부인은 아이들을 목욕시키고 아이들이 차례대로 잠들 때까지 아이들에게 노래를 불러 주었다. 모두들 아주 안전하고 아늑해 보여서 달링 부인은 자신의 두려움들에 미소를 지었다. 달링 부인은 난롯가에 조용히 앉아 바느질을 했다. 머지않아 달링 부인의 고개는 우아하게 꾸벅거렸고 그녀 역시 잠이 들었다.

잠든 동안 달링 부인은 꿈을 꾸었다. 달링 부인은 네버랜드라고 불리는 어떤 장소가 아주 가까이 다가오고 낯선 사내아이가 그곳에서 나오는 꿈을 꾸었다. 달링 부인은 놀라지 않았는데, 자녀가 없는 많은 여자들의 얼굴 속에서 전에 그 아이를 본 적이 있다고 생각했기 때문이었다.

꿈 그 자체는 그냥 별것 아니었을지 몰랐다. p.21 하지만 달링 부인이 꿈을 꾸고 있는 동안, 아이들 방 창문이 활짝 열리고 사내아이 한 명이 창을 통해 들어왔다. 아이는 살아 있는 생명체처럼 방 안을 짤짤거리며 다니는 이상한 작은 불빛을 동반하고 있었다. 그 불빛이 달링 부인을 깨웠다.

달링 부인은 그 아이를 보았을 때 고함을 질렀고, 어떤 연유에서인지 그녀는 그 아이가 피터 팬이라는 것을 단번에 알았다. 피터 팬은 나뭇잎과 나무에서 스며 나오는 즙으로 만든 옷을 입고 있었다. 피터 팬에 관한 가장 매혹적인 일은 그 아이에게 아직 젖니가 있다는 것이었다. 달링 부인이 어른이라는 것을 알았을 때, 피터 팬은 그녀를 향해 약간 그의 작은 이를 악물었다.

그림자

p.22 달링 부인은 비명을 질렀다. 문이 열리고 밤나들이에서 돌아온 나나가 들어왔다. 나나는 으르렁거리고 피터 팬에게 깡충 뛰어 달려들었으며, 피터 팬은 창문을 통해 가볍게 뛰어내렸다. 달링 부인은 피터 팬이 죽었다고 생각했기 때문에 다시 비명을 질렀다. 달링 부인은 작은 시신을 찾으러 거리로 달려 내려갔으나, 피터 팬은 그곳에 없었다. p.23 달링 부인은 위를 쳐다보았지만, 별똥별이라고 생각되는 것만 보았을 뿐이었다.

달링 부인은 아이들 방으로 돌아왔다. 나나가 입에 무엇인가를 물고 있었다. 달링 부인은 곧 그것이 낯선 아이의 그림자라는 것을 깨달았다. 피터가 창문을 통해 뛰어내릴 때, 나나가 창문을 재빨리 닫았던 것이었다. 나나는 피터를 잡기에는 너무 늦었지만, 피터의 그림자는 밖으로 나갈 시간이 없었다. 창문은 쾅 닫혔고 그림자를 잡아채고 말았다.

나나는 이 그림자를 가지고 어떻게 하는 것이 가장 좋은 것인지 궁금해하지 않았다. 피터가 아이들을 방해하지 않고 그림자를 쉽게 가지고 갈 수 있도록 나는 그것을 창문 밖에 매달아 두었다.

하지만 유감스럽게도 달링 부인은 그림자를 창문 밖에 오래 매달아 둘 수가 없었다. p.24 그림자는 더러운 셔츠처럼 보였고 집의 전체적인 격조를 떨어뜨렸다. 달링 부인은 그림자를 달링 씨에게 보여 줄까 생각했으나, 그가 어떤 말을 할지 정확히 알고 있었다. "그것은 개를 보모로 둘 때 일어나는 일이오."

달링 부인은 자기 남편에게 말할 기회가 올 때까지 그림자를 둘둘 말아서 조심스럽게 그것을 서랍 안에 치워 두기로 결정했다. 이러한 기회는 일주일 후, 잊지 못할 금요일에 찾아왔다. 이러한 일들은 언제나 금요일에 일어난다.

"금요일에는 제가 더욱 주의했어야 했어요." 달링 부인은 훗날 남편에게 말하곤 했다.

"아니, 아니오." 달링 씨는 대답하곤 했다. "그 모든 일에 대해서는 내게 책임이 있소."

그들은 그 운명의 금요일을 떠올리며 밤마다 앉아 있곤 했다.

"내가 27번지의 저녁 식사 초대를 수락하지 않았더라면." 달링 부인은 말하곤 했다.

p.25 "내가 나나의 그릇에 내 약을 쏟아 붓지 않았더라면." 달링 씨가 대답하곤 했다.

'내가 그 약을 좋아하는 척이라도 했더라면.' 나나는 머릿속으로 말하곤 했다.

그런 다음 그들은 다 함께 감정을 주체하지 못하고 허물어지곤 했다. 나나는 속으로 '맞아, 맞아. 주인님들은 개를 보모로 두지 마셨어야 했어.'라고 말하곤 했다. 대체로 나나의 눈에 손수건을 대어 준 사람은 바로 달링 씨였다.

"그 녀석!" 달링 씨가 소리치면, 뒤이어 나나가 짖곤 했다. 하지만 달링 부인은 절대로 피터를 비난하지 않았다. 피터를 욕해서는 안 된다고 무엇인가가 그녀에게 말했던 것이었다.

p.26 그들 셋은 그 끔찍한 저녁의 가장 작은 사소한 일까지도 떠올리며 그곳, 텅 빈 아이들 방에 앉아 있곤 했다. 그날은 수많은 다른 날 저녁과 마찬가지로 시작되었고, 나나는 마이클의 목욕물을 받아 놓고 그를 등에 태워 데려가고 있었다.

"나는 안 잘 테야." 마이클은 소리쳤었다. "나나, 잘 들어. 나는 목욕 안 할 거야. 안 해, 안 한다니까!"

그때 달링 부인이 흰색 이브닝드레스를 입고 들어왔었다. 달링 부인은 웬디의 팔찌를 팔에 차고 있었다. 웬디는 자신의 팔찌를 엄마에게 빌려 주는 것을 아주 좋아했다.

"내가 토네이도처럼 들이닥친 것은 그 순간이었소, 그렇지 않소?" 달링 씨가 말하곤 했다. 실제로 달링 씨는 토네이도 같았었다.

p.27 달링 씨 역시 파티복으로 차려입고 있었다. 넥타이에 이르기 전까지는 모든 것이 순조로웠다. 놀라운 일이지만, 이 남자는, 비록 주식과 배당에 관해서는 알고 있었지만, 자기 넥타이를 매는 일에 대해서는 전혀 숙달되어 있지 않았다. 이제 달링 씨는 손에 쭈글쭈글 구겨진 작은 넥타이를 가지고 아이들 방으로 들이닥쳤다.

"아니, 무슨 일이에요, 여보?" 달링 부인이 말했다.

"이 넥타이, 이게 매어지지가 않소!" 달링 씨가 소리쳤다. "내 목에 매어지지 않는단 말이오! 침대 기둥에다가는 맬 수 있는데, 내 목에는 매어지지 않으려고 하다니! 이 넥타이가 내 목에 매어지지 않는다면, 우리는 오늘 밤에 저녁 식사를 하러 나갈 수 없소. 그리고 오늘 밤에 저녁 식사를 하러 나가지 못하면, 나는 다시는 사무실에 못 나갈 거요. 그리고 내가 사무실에 다시 나가지 못하면, 당신과 나는 굶어죽을 것이고, 우리 아이들은 길거리에 나앉게 될 것이오."

p.28 "내가 한 번 해 볼게요, 여보." 달링 부인이 대답했다. 예쁜 손으로 달링 부인은 남편을 위해 넥타이를 매 주었고, 그러는 동안 아이들은 둘러서서 자신들의 운명이 결정되는 것을 보았다. 어떤 남자들은 부인들이 넥타이를 아주 쉽게 맬 수 있는 것에 화를 냈을 테지만, 달링 씨는 그러기에는 성격이 너무 좋았다. 달링 씨는 태평스럽게 달링 부인에게 감사를 표했고, 즉시 자신의 분노를 잊었으며, 어느새 마이클을 등에 업고 춤을 추고 있었다.

"우리가 얼마나 신나게 춤을 추었던지요!" 달링 부인이 그 일을 회상하며 말하곤 했다.

"그것이 우리의 마지막 춤이었지." 달링 씨가 끄응 하고 신음했다.

춤은 나나의 출현으로 끝났다. 불행히도 달링 씨는 나나와 충돌했고, 그의 바지는 털로 뒤덮였다. 그 바지는 새 바지일 뿐만 아니라 달링 씨가 직접 고른 최초의 바지이기도 했다. p.29 달링 씨는 울고 싶은 기분이었다. 물론 달링 부인이 달링 씨에게 솔질을 해 주었으나, 그는 개를 보모로 둔 것이 얼마나 엄청난 실수인지에 대해 다시 말하기 시작했다.

"조지, 나나는 보물이에요." 달링 부인은 말했다.

"물론이지. 하지만 나는 가끔 나나가 아이들을 강아지로 생각한다는 이상한 기분이 든단 말이오."

"오, 아니에요. 나나가 아이들이 영혼이 있다는 것을 안다는 것을 나는 확실히 느끼고 있는 걸요."

"나는 궁금하오." 달링 씨가 생각에 잠겨 대답했다. "궁금해." 이것이 남편에게 이상한 아이에 대해 말할 기회라고 달링 부인은 생각했다. 처음에 달링 씨는 그것을 웃어넘기려고 했지만, 달링 부인이 그에게 그림자를 보여 주었을 때 그는 생각에 잠기게 되었다.

p.30 "내가 아는 사람은 아니군." 그림자를 주의 깊게 살펴보며 달링 씨가 말했다. "하지만 그것은 악당의 것처럼 정말 보이는구려."

"우리는 여전히 그림자에 대해 논의하고 있었지." 달링 씨가 말하곤 했다. "바로 그때 나나가 마이클의 약을 가지고 들어왔소. 너는 결코 다시는 입에 병을 물고 나르지 않으려고 하는구나, 나나. 그것은 다 내 잘못이다."

마이클은 나나의 입에 물린 숟가락을 피했다. 달링 씨는 엄하게 말했다. "남자답게 굴어라, 마이클."

"싫어요!" 마이클이 소리쳤다. 달링 부인은 마이클에게 약간의 초콜릿을 갖다 주러 방을 나갔다. 달링 씨는 못마땅해 했다.

"응석을 받아 주지 마시오, 여보." 달링 씨가 부인 등 뒤로 소리쳤다. "마이클, 내가 네 나이였을 적에는 주저 없이 약을 먹었단다."

웬디는 마이클의 용기를 북돋우려 말했다. "아빠, 아빠가 가끔 드시는 그 약이 훨씬 더 먹기 괴롭잖아요, 그렇지 않아요?"

"훨씬 더 괴롭지." 달링 씨가 용감하게 말했다. p.31 "내가 그 약병을 잃어버리지만 않았어도 지금 네게 본보기를 보여 줄 겸 그 약을 먹었을 게다, 마이클."

달링 씨는 약병을 잃어버린 것이 아니었다. 달링 씨는 그것을 옷장 맨 위에 감춰 둔 터였다. 달링 씨가 몰랐던 것은 라이자가 그것을 발견하여 그의 세면대에 다시 갖다 놓았다는 것이었다.

"저는 그것이 어디에 있는지 알아요, 아빠." 자신이 도움이 될 수 있다는 것에 기뻐하면서 웬디가 말했다. "제가 가지고 올게요." 그리고 웬디는 달링 씨가 말리기도 전에 가 버렸다.

"존, 그 약은 정말 먹기 괴로운 것이란다." 달링 씨가 몸서리치며 말했다.

"곧 끝날 거예요, 아빠." 존이 명랑하게 말했고, 그때 웬디가 약을 가지고 들이닥쳤다.

p.32 "마이클 먼저." 달링 씨가 말했다.

"아빠가 먼저요." 마이클이 대답했다.

"그 약은 나를 토하게 만들지도 모른단다." 달링 씨가 말했다.

웬디는 몹시 당황했다.

"저는 아빠가 그 약을 아주 쉽게 드실 것이라고 생각했어요, 아빠." 웬디가 말했다.

"그것은 중요한 게 아니야." 달링 씨가 말했다. "중요한 것은 마이클의 숟가락보다 내 유리병에 약이 더 많다는 거야. 그것은 공평하지 못해."

"아빠, 저 기다리고 있어요." 마이클이 말했다.

"나도 그렇단다." 달링 씨가 대답했다.

웬디에게 좋은 생각이 났다.

"두 사람 다 동시에 약을 먹으면 어때요?" 웬디가 말했다.

"좋아." 달링 씨가 말했다. "준비됐니, 마이클?"

웬디가 셋까지 세었고, 마이클은 약을 먹었다. 하지만 달링 씨는 약을 자신의 등 뒤로 슬며시 밀어두었다.

"오, 아빠!" 아이들이 소리쳤다.

p.33 아이들은 마치 더 이상 아빠를 존경하지 않는 듯이 보였다.

"여기 좀 봐, 너희들 모두." 나나가 욕실 안으로 사라지자마자 달링 씨가 말했다. "나에게 좋은 생각이 있어. 나는 내 약을 나나의 그릇에 부을 거야. 그러면 나나가 그것을 우유라고 생각하고 마실 거야."

달링 씨가 나나의 그릇에 약을 부을 때 아이들은 비난하듯이 달링 씨를 바라보았다. 달링 부인과 나나가 돌아왔을 때 아이들은 감히 달링 씨가 한 일을 폭로하지 못했다.

"나나, 착하지." 달링 씨가 나나를 쓰다듬으며 말했다. "내가 네 그릇에 약간의 우유를 부어두었단다, 나나."

나나는 꼬리를 흔들며 약으로 달려갔고, 그것을 핥기 시작했다. 그런 다음 달링 씨에게 슬프고 화난 표정을 지은 다음, 개집으로 기어들어갔다.

p.34 달링 부인은 그릇의 냄새를 맡아 보았다.

"오, 조지!" 달링 부인이 소리쳤다. "그거 당신 약이잖아요!"

"장난이었을 뿐이오." 달링 씨가 말했다.

달링 부인은 사내아이들을 위로해 주었고, 웬디는 나나를 꼭 껴안았다.

"나나는 마당에 있어야 해." 자신에게 오라고 나나에게 몸짓하며 달링 씨가 말했다. "너에게 적당한 장소는 마당이야. 이리 와, 나나. 나는 지금 당장 너를 그곳에 묶어 놓을 거야."

"조지." 달링 부인이 속삭였다. "그 아이가 오늘 밤에 다시 올 거예요."

달링 씨는 들으려고 하지 않았다. 달링 씨는 그 집의 가장이 누구인지 보여 주기로 결심했다. 달링 씨는 나나를 아이들 방에서 끌어냈다.

한편 달링 부인은 아이들을 침대에 눕히고 취침 등을 켰다. 그들은 나나가 짖는 것을 들을 수 있었다. 존은 말했다. "아빠가 나나를 마당에 쇠사슬로 매 놔서 짖는 거야."

p.35 웬디는 보다 현명했다.

"저것은 나나가 불쾌해서 짖는 것이 아니야." 웬디가 말했다. "위험한 것을 감지했을 때 짖는 소리야."

"확실하니, 웬디?" 달링 부인이 말했다.

"네."

달링 부인은 창문 쪽으로 달려갔다. 그것은 꽉 닫혀 있었다. 달링 부인은 밖을 내다보았고, 밤하늘은 별들로 가득했다.

"오, 오늘 밤에 파티에 가지 않는다면 얼마나 좋을까!" 달링 부인이 큰 소리로 말했다.

달링 부인은 침대마다 다니며 아이들에게 입을 맞추어 주었다. 어린 마이클은 달링 부인에게 매달렸다.

"엄마." 마이클이 소리쳤다. "사랑해요." 이것이 달링 부인이 오랫동안 마이클에게서 듣게 될 마지막 말이었다.

p.36 27번지는 불과 몇 야드 거리에 있었다. 달링 씨 부부는 이미 거리에 있는 유일한 사람들이었고, 모든 별들이 그들을 지켜보고 있었다. 그날 밤 별들은 피터의 편이었고, 어른들을 몹시 골탕 먹이고 싶어 했다. 그래서 달링 부부가 들어서고 27번지의 문이 닫히자마자 하늘에 동요가 있었다. 그런 다음 은하수 중 가장 작은 별이 외쳤다.

"이제 가면 돼, 피터!"

어서 가자, 어서 가!

p.37 달링 씨 부부가 집을 떠나고 나서 잠시 후, 세 아이들의 침대 옆의 취침 등이 꺼졌다.

하지만 지금 방에는 또 다른 불빛이 있었다. 그것은 취침등보다 수천 배는 더 밝았다. p.38 눈 깜짝할 사이에 그것은 피터의 그림자를 찾으며 아이들 방의 모든 서랍 속을 샅샅이 뒤졌다. 그것은 옷장을 뒤지고 모든 주머니를 뒤집어 보았다. 그것은 진짜 불빛이 아니었다. 아주 빠르게 날아다녀서 그런 불빛을 만들어 낸 것이었다. 하지만 그것이 이따금 잠시 쉬게 될 때면, 그것이 요정이라는 것을 알아볼 수 있을 것이다. 그것은 어른 손크기보다 더 크지 않았으나 여전히 자라고 있는 중이었다. 요정은 나뭇잎 옷을 입고 있는 팅커 벨이라고 불리는 소녀였다.

요정이 들어오고 나서 잠시 후, 작은 별들이 숨을 훅 불어 창문이 활짝 열렸다. 이어 곧 피터가 휙 들어왔다. 피터는 도중에 팅커 벨을 들고 왔었으므로 그의 손은 아직 요정 가루로 지저분했다.

"팅커 벨." 아이들이 잠들어 있다는 것을 확인한 후 피터가 조용히 말했다. "팅크, 너 어디에 있니?"

p.39 팅커 벨은 물병 안에 있었다. 팅커 벨은 전에 물병 안에 들어갔다 나온 적이 없었기 때문에 그것을 아주 마음에 들어 하고 있었다.

"오, 그 물병에서 나와서 말해 봐." 피터가 말했다. "그들이 내 그림자를 어디에 두었는지 아니?"

금방울의 딸랑거리는 귀여운 소리가 피터에게 대답했다. 그것은 요정의 언어이다. 평범한 아이들이라면 그것을 한 번도 듣지 못할 테지만, 한 번 듣게 된다면, 전에 그 소리를 한 번쯤은 들어본 적이 있었다는 것을 알게 될 것이었다.

팅크는 그림자가 서랍장 안에 있다고 말했다. 피터는 서랍으로 달려들어 양손으로 내용물을 바닥에 흩어놓았다. 피터는 곧 자신의 그림자를 찾았다. 그리고 기쁜 나머지 피터는 자신이 팅커 벨을 서랍 안에 두고 닫았다는 것도 잊고 말았다.

p.40 피터는 자신과 자신의 그림자를 서로 가까이 대면 그 둘이 물방울들처럼 합쳐질 거라고 생각했다. 그것들이 붙지 않았을 때, 피터는 섬뜩해졌다. 피터는 웬디의 책상에서 가져온 비누로 그림자를 붙여 보려고 했

지만, 그것도 실패했다. 한 차례 몸이 부르르 떨리는 현상이 피터를 지나갔고, 피터는 바닥에 주저앉아 울었.

피터의 흐느낌이 웬디를 깨웠다. 웬디는 모르는 사람이 자기들 방의 방바닥에서 울고 있는 것을 보고도 놀라지 않았다. 웬디는 사실은 즐거운 마음으로 관심을 가지고 있었다.

"저기요." 그녀가 예의 바르게 말했다. "왜 울고 있어요?"

피터는 요정들의 의례적 행사들에서 예의범절을 배웠기 때문에 피터 역시 아주 예의 바르게 행동할 수 있었다. 그래서 피터는 일어나서 웬디에게 훌륭하게 머리를 숙여 절했다. 웬디는 매우 기뻐했고, 침대에서 피터에게 예쁘게 머리를 숙였다.

"이름이 뭐니?" 피터가 물었다.

"웬디 모이라 안젤라 달링." 웬디가 대답했다. **p.41** "네 이름은 뭐니?"

"피터 팬."

웬디는 어떤 연유에서인지 이미 그가 피터가 분명하다는 것을 알았지만, 그것은 이상할 정도로 짧은 이름이었다.

"그게 다야?"

"응." 피터가 꽤 예민하게 대답했다. 피터는 처음으로 자신의 이름이 짧다고 느꼈다.

"너는 어디에 사니?" 웬디가 물었다.

"오른쪽으로 두 번째." 피터가 말했다. "그러고 나서 아침까지 쭉."

"정말 재미있는 주소구나!"

처음으로 피터는 자신의 주소가 재미있다고 느꼈다.

"아니, 그렇지 않아." 피터가 말했다.

"그것이 사람들이 편지에 쓰는 주소야?"

피터는 웬디가 편지를 언급하지 않기를 바라고 있었다.

p.42 "나는 어떤 편지도 받지 않아." 피터가 말했다.

"너희 엄마도 편지를 안 받으시니?"

"나는 엄마가 없어." 피터가 못마땅하다는 듯이 말했다.

"오, 피터, 네가 울고 있는 것이 이상할 것이 없구나." 웬디가 이렇게 말하더니 침대에서 나와서 피터에게 달려갔다.

"그것 때문에 울고 있었던 것은 아니야." 피터가 화를 내며 말했다. 피터는 엄마들이 과대평가된다고 생각했다. "내 그림자가 몸에 붙지 않아서 울고 있었어. 게다가 정말로 우는 것도 아니었어."

"네 그림자가 떨어졌니?"

"그래."

웬디는 바닥에 있는 그림자를 보았다. 웬디는 피터가 비누로 그림자를 붙이려고 했었던 것을 보고 웃음 짓지 않을 수 없었다. 피터도 여느 남자 아이와 마찬가지였던 것이다!

"참으로 엉뚱하구나!" 웬디가 말했다. "그림자는 꿰매져야 해. 내가 그림자를 꿰매어 달아줄게, 꼬마 아저씨." 피터가 자기 키 만한데도 웬디가 말했다. p.43 웬디는 자신의 바느질 주머니를 꺼내어 그림자를 피터의 발에 꿰매기 시작했다.

"조금 아플지도 몰라." 웬디는 경고했다.

"오, 나는 울지 않을 거야." 피터가 말했다. 피터는 이를 꽉 물었고 곧 피터의 그림자는 제자리에 붙어 제 역할을 하고 있었다.

피터는 기뻐하며 방 안을 뛰어다니기 시작했다. 피터는 이미 자신의 행복이 웬디 덕분이라는 것을 잊었다. 피터는 자신이 직접 그림자를 붙였다고 생각했다.

"나는 참 똑똑해!" 피터는 소리쳤다.

이러한 자만심은 피터의 가장 매력적인 특징 중 하나였다. 피터보다 더 잘난 체하는 남자아이는 어디에도 없었다. 웬디는 충격을 받았다.

p.44 "그리고 물론 나는 아무것도 안 했지!" 웬디가 소리쳤다.

"네가 조금 도와줬잖아." 피터는 경솔하게 말을 뱉고 계속해서 춤을 추었다.

"조금이라고!" 웬디가 당당하게 말했다. "내가 도움이 안 된다면, 나는 다시 잠이나 자러 가야겠어." 웬디는 아주 기품 있게 침대로 뛰어든 다음 담요를 얼굴까지 끌어다 덮었다.

피터는 걸어가서 웬디의 침대 끄트머리에 앉았고 자신의 발로 웬디를 톡톡 건드렸다.

"웬디, 제발 화내지 마." 피터가 말했다. "나는 내 자신에게 만족하면 마구 자랑하지 않고는 못 배겨. 게다가 여자아이 한 명이 스무 명의 남자아이보다 더 쓸모 있잖아."

웬디가 담요 밖으로 눈을 살짝 내밀고 쳐다보았다.

"정말 그렇게 생각해, 피터?"

"그래."

"그 말은 참 듣기 좋은 소리구나." 웬디가 말했다. "나 다시 일어날게."
웬디는 일어나 피터와 함께 침대 한쪽에 앉았다. 웬디는 피터가 원한다면 피터에게 입맞춤을 해 주겠다고 말했지만, 피터는 입맞춤이 무엇인지 몰랐다. p.45 피터는 기대하는 마음으로 손을 내밀었다.

"입맞춤이 무엇인지 모른단 말이야?" 웬디가 놀라서 물었다.

"네가 나에게 주면 알게 되겠지." 피터가 뻣뻣하게 대답했다. 웬디는 피터의 기분을 상하게 하고 싶지 않아서 피터의 손에 골무를 쥐어 주었다.

"이제 내가 입맞춤을 줄까?" 그가 물었다.

"네가 원한다면." 웬디가 대답했다.

웬디는 자기 얼굴을 피터 쪽으로 기울였지만, 그는 단지 도토리 열매 단추를 웬디에 손에 떨어뜨렸을 뿐이었다.

"고마워, 피터." 웬디가 말했다. "너의 입맞춤을 목걸이 줄에 달아 목에 걸게."

웬디가 목걸이에 단추를 매단 것은 다행이었다. 그것이 나중에 웬디의 목숨을 구했기 때문이었다.

"너는 몇 살이니, 피터?" 웬디가 물었다.

p.46 "몰라." 피터가 거북하게 대답했다. "나는 상당히 어려. 태어난 날 집에서 도망쳐 나왔거든."

"왜 그랬는데?"

"내가 어른이 되면 어떤 사람이 되어야 하는지 아빠와 엄마가 이야기 나누시는 것을 들었거든. 나는 절대로 어른이 되고 싶지 않아. 나는 영원히 조그마한 아이이고 싶고 재미있게 놀고 싶어. 그래서 나는 켄싱턴 공원으로 도망쳤고 그곳에서 요정들과 함께 아주 오랫동안 살았어."

웬디는 무척 가정적인 삶을 살아 왔기 때문에 요정을 안다는 것이 그녀에게는 아주 기분 좋을 거라는 인상을 주었다. 웬디는 요정에 대한 질문들을 퍼부었다. 피터는 놀랐는데, 피터에게 요정들은 상당히 성가신 존재였기 때문이었다. 요정들은 항상 피터를 방해했다. 그래도 피터는 대체로 요정들을 좋아했고, 피터는 웬디에게 요정들의 탄생에 대해 말해 주었다.

"있잖아, 웬디, 세상에 태어난 최초의 아기가 맨 처음으로 웃었을 때, 그 웃음이 천 개로 조각났어. p.47 그 조각들은 모두 여기저기로 깡충깡충 뛰어갔고, 그것이 요정들의 기원이었지. 세상의 모든 소년소녀들 각자에게 요정이 한 명씩 있어야 하거든."

"있어야 하다니? 그럼 없다는 거야?"

"없어. 아이가 '나는 요정을 믿지 않아.'라고 말할 때마다 어디에선가 요정이 죽거든."

피터는 갑자기 팅커 벨이 계속 아주 조용히 있다는 것을 깨달았다.

"팅커 벨이 어디에 있을까?" 피터가 일어나며 말했고, 그는 팅크의 이름을 불렀다. 웬디는 감격했다.

"피터." 웬디가 말했다. "지금 이 방 안에 요정이 있다는 거야?"

"방금까지만 해도 여기 있었는데." 피터가 말했다. "팅크 소리가 들리니?"

"모르겠어." 웬디가 말했다. "나한테 들리는 소리는 방울이 딸랑거리는 소리 같아."

p.48 "그래, 저게 팅크야. 그게 요정들의 언어지. 나도 팅크의 소리가 들리는 것 같아."

그 소리는 서랍장에서 났고, 피터는 즐거운 표정을 지었다. 그 누구도 피터보다 더 즐거운 표정을 지을 수는 없었을 것이다.

"웬디." 피터가 즐거워하며 속삭였다. "내가 팅크를 서랍장 안에 가둔 것 같아!"

피터는 가엾은 팅커 벨을 서랍에서 꺼내 주었고, 팅크는 화가 나서 괴성을 지르며 아이들 방을 여기저기 날아다녔다.

"그런 말 하지 마." 피터가 말했다. "정말 미안하지만, 네가 서랍장 안에 있다는 것을 내가 어떻게 알았겠어?"

"오, 피터." 웬디가 외쳤다. "내가 볼 수 있도록 저 요정이 가만히 서 있을 수만 있다면!"

"요정들은 가만히 서 있는 법이 거의 없어." 피터가 말했다.

팅커 벨은 뻐꾸기시계 위로 날아와서 몇 초 동안 쉬었다.

"오, 팅크는 아주 사랑스럽구나!" 팅커 벨의 얼굴이 아직 분노로 일그러져 있었음에도 불구하고 웬디가 소리쳤다.

p.49 "팅크." 피터가 다정하게 말했다. "이 숙녀분이 네가 자기 요정이었으면 하는데."

팅커 벨은 건방지게 대답했다.

"팅크가 뭐라고 했어, 피터?" 웬디가 물었다.

"팅크는 그다지 공손하지 않아. 너는 몸집이 크고 못생긴 여자아이고,

자기는 나의 요정이래." 피터가 팅커 벨을 향해 돌아섰다. "나는 신사이고 너는 숙녀이니까 네가 내 요정일 수 없다는 것을 잘 알잖아, 팅크."

팅커 벨이 화를 내며 욕실로 사라졌다.

"팅커 벨은 그냥 보통의 요정일 뿐이야." 피터가 설명했다. "냄비와 주전자를 고치기 때문에 이름이 팅커 벨인 거야."

p.50 웬디는 아직 피터에게 할 질문이 많았다.

"너는 여전히 켄싱턴 공원에 살고 있니?"

"가끔. 그런데 대개는 길 잃은 아이들과 살아."

"그들이 누구인데?"

"보모가 고개를 돌리고 있는 사이에 유모차에서 떨어지는 아이들이지. 7일 안에 그들을 자기 아이라고 하는 사람이 없으면 그 아이들은 멀리 네버랜드로 보내져. 나는 그들의 대장이야."

"정말 재미있겠다!"

"맞아." 피터가 말했다. "하지만 우리는 상당히 외로워. 여자아이들과 우정을 쌓을 일이 없거든."

"거기에 여자아이들은 없어?"

"없어. 여자아이들은 너무 똑똑해서 유모차에서 떨어지지 않거든." 피터가 교활하게 말했다.

웬디는 우쭐해졌다.

p.51 "너는 여자아이들에 대해 말해 주는 방식이 참 다정하구나." 웬디가 말했다. "네가 원한다면, 나에게 입맞춤해 주어도 돼." 웬디는 순간적으로 입맞춤에 대한 피터의 무지를 잊었다.

"나는 네가 돌려받기를 원할 줄 알았어." 피터가 웬디의 골무를 돌려주려고 하면서 살짝 쓸쓸하게 말했다.

"오, 이런!" 웬디가 말했다. "나는 입맞춤을 말하는 것이 아니라 골무를 말하는 거야."

"골무가 뭔데?"

"그것은 이런 거야."

웬디가 피터에게 입맞춤을 했다.

"그거 재미있구나!" 피터가 진지하게 말했다. "이제 나도 너에게 골무를 줄까?"

"네가 원한다면." 웬디가 말했다.

피터가 웬디에게 '골무'를 주었고, 그와 거의 동시에 웬디는 꽥 하고 소리를 질렀다.

p.52 "무슨 일이야, 웬디?"

"누가 내 머리를 잡아당긴 것 같았어."

"팅크가 그랬나 보다. 저렇게 버릇없던 적은 없었는데."

그리고 정말로 팅커 벨은 욕을 하면서 다시 짤짤거리고 다녔다.

"팅크가 그러는데, 내가 너한테 골무를 줄 때마다 자기가 너한테 그렇게 할 거래." 피터가 말했다.

"왜?"

"왜, 팅크?"

팅커 벨이 다시 화를 내며 욕실로 사라졌다. 피터는 왜인지 이해하지 못했지만, 웬디는 이해했다. 웬디는 또한 피터가 자신을 보러 온 것이 아니라 이야기를 듣기 위해 자기들 방의 창문으로 왔다고 말해 주자 조금 실망했다.

"있잖아, 나는 이야기를 아무것도 모르거든." 피터가 설명했다. "길 잃은 아이들 중에는 이야기를 하나라도 아는 아이가 한 명도 없어. 오, 웬디, 너의 엄마는 아주 많은 근사한 이야기들을 알고 계시더라."

p.53 "나도 많은 이야기들을 알고 있어."

그것이 정확히 웬디가 한 말이었다. 그러므로 피터를 먼저 유혹한 것이 웬디임을 부정할 수는 없다.

피터는 갑자기 웬디의 팔을 붙잡고 그녀를 창문 쪽으로 끌고 가기 시작했다.

"놔 줘!" 웬디가 말했다.

"웬디, 나와 함께 가서 다른 아이들에게 이야기를 해 줘."

"오, 이런, 나도 그러고 싶지만, 그럴 수는 없어. 엄마를 생각해 봐! 게다가 나는 날 줄도 몰라."

"내가 가르쳐 줄게."

"아, 날게 된다면 얼마나 좋을까!"

"그리고 웬디, 너는 인어들도 만나 볼 수 있어."

"오!"

"웬디, 우리 모두 너를 무척 존중할 거야." 피터는 말했고 무서울 정도로 교활해졌다. p.54 "그리고 밤에는 우리에게 이불을 끌어당겨 덮어 줄 수도 있어. 밤에 한 번도 누가 우리에게 이불을 덮어 준 적이 없거든."

"오!" 웬디는 말하고 피터를 안아 주었다.

"그리고 우리 옷을 빨아 주고 주머니도 만들어 줄 수 있어."

웬디가 저항할 수 있는 방법은 없었다.

"피터, 존과 마이클에게도 나는 법을 가르쳐 줄 테야?"

"네가 원한다면." 피터가 무심하게 말했다.

웬디는 존과 마이클에게 달려가 그들을 흔들었다.

"일어나!" 웬디가 소리쳤다. "피터 팬이 왔고 우리에게 나는 법을 가르쳐 준대."

존이 눈을 비볐다. "안녕. 나 일어났어!" 존이 말했다.

마이클도 이쯤에는 일어나 있었는데, 피터가 갑자기 조용히 하라는 신호를 보냈다. 적막만이 흘렀다. 저녁 내내 애처로울 정도로 짖던 나나가 지금은 조용했다.

p.55 "불 꺼! 숨어! 빨리!" 존이 소리쳤다. 라이자가 나나를 안고 들어왔을 때, 아이들 방은 어둡고 조용했다.

집 안의 모든 것이 있어야 할 곳에 있다는 것을 확인하자 라이자는 불행한 개를 다시 묶어 두었다. 그러나 나나는 아이들 방에서 무슨 일이 일어나고 있다는 것을 본능적으로 알았다. 그래서 쇠사슬을 자꾸 잡아당겨 마침내 그것을 끊고 말았다. 나나는 27번지로 달려가서 식당으로 들이닥쳤다. 그런 다음 앞발을 하늘로 들어 올렸다. 달링 씨 부부는 즉시 무언가 끔찍한 일이 아이들 방에서 벌어지고 있다는 것을 알았다. 그래서 그들은 안주인에게 작별 인사도 하지 않고 거리로 뛰쳐나왔다.

하지만 세 악당이 자는 척한 지도 10분이 지난 터였다. p.56 그리고 피터 팬은 10분 동안 많은 일을 할 수 있었다.

이제 아이들 방으로 돌아가 보자.

"이제 다 괜찮아." 존이 자신이 숨어 있던 곳에서 나오며 알렸다. "피터, 너 정말 날 수 있니?"

존에게 귀찮게 대답을 해 주는 대신, 피터는 방 안을 날아다녔다.

"멋지다!" 존과 마이클이 말했다.

피터는 나는 것이 아주 쉬워 보이게 했다. 다른 아이들은 처음에는 바닥에서, 그 다음에는 침대에서 날아 보려고 시도했지만, 그들은 날기는커녕 늘 떨어지기만 했다.

"어떻게 하는 거야?" 존이 물었다.

"멋지고 근사한 것들만 생각해 봐." 피터가 설명했다. "그러면 그 생각들이 너를 공중에 띄워 줄 거야."

물론 피터는 아이들을 데리고 장난을 치고 있는 거였는데, 왜냐하면 요정의 가루를 아이에게 불어 주지 않으면 아무도 날 수 없기 때문이었다. 다행히도, 피터는 여전히 자기 손에 요정의 가루를 묻히고 있었다. p.57 피터는 아이들 각자에게 요정의 가루를 약간 불어 주었다.

"이제 어깨를 이렇게 팔랑거려 봐." 피터가 말했다. "그리고 날아 봐."

마이클이 먼저 했다. 마이클은 침대에서 뛰어내려 방 안을 가로질러 날았다.

"내가 날았어!" 마이클이 소리쳤다.

존과 웬디가 곧 마이클과 합류했다.

"오, 정말 멋지다!" 웬디가 방 안을 가로질러 날면서 소리쳤다.

웬디와 웬디의 남동생들은 피터처럼 아주 우아하게 날지는 못했다. 피터가 웬디를 먼저 도와주었지만, 팅커 벨의 성난 불평 때문에 그만두어야 했다.

"밖으로 나가는 게 어때?" 존이 말했다.

물론 이것은 피터가 내내 계획한 일이었다.

마이클은 동의했다. 마이클은 자신이 10억 마일을 나는 데 시간이 얼마나 걸릴지 알고 싶어 했다. p.58 하지만 웬디는 주저했다.

"기억해, 웬디. 우리는 가서 인어들을 볼 수 있어!" 피터가 다시 말했다.

"오!"

"그리고 해적들이 있어!"

"해적이라고!" 존이 자신의 나들이용 모자를 움켜잡으며 말했다. "지금 당장 가자!"

달링 씨 부부와 나나가 거리에서 아이들 방 창문을 올려다 본 것은 바로 이때였다. 놀랍게도 그들은 네 개의 작은 형상들이 공중을 빙빙 돌고 있는 것을 보았다.

다시 한번 그 별들이 창문을 확 열어 젖혔을 때 그들은 문을 향해 계단을 올라가고 있었다. 작은 별들은 모든 것을 주의 깊게 지켜보고 있었다.

"자, 피터!" 가장 작은 별이 소리쳤다.

피터는 허비할 시간이 없다는 것을 알았다.

"가자!" 피터가 소리쳤다. 피터는 즉시 밤하늘로 날아올랐고 존과 마이클과 웬디가 그 뒤를 따랐다.

비행

p.60 "오른쪽으로 두 번째, 그리고 아침까지 쭉이야."

피터가 웬디에게 말한 것은 네버랜드로 가는 방법이었다. 하지만 아무도 이러한 지시로는 네버랜드를 찾을 수 없었다. 피터는 항상 자기 머리에 떠오르는 대로 말했다.

p.61 그들은 이따금 요기를 하려고 아래로 내려가기도 하면서 이틀 밤낮을 꼬박 날았다. 하지만 피터는 그들보다 훨씬 더 빨리 갈 수 있었다. 그래서 종종 피터는 갑자기 그들이 공유하지 못하는 어떤 모험을 하려고 획 사라지기도 했다. 피터는 별에게 말해 주고 있었던 어떤 재미있는 것 때문에 깔깔대며 내려오기도 했지만, 그 이야기가 무엇인지는 절대 기억하지 못했다. 때때로 피터는 자기 몸에 여전히 인어의 비늘을 붙이고 나타나기도 했지만, 무슨 일이 일어나고 있었는지는 확실히 말하지 못했다. 그것은 인어를 만난 적이 없는 아이들에게는 정말로 꽤 짜증나는 일이었다.

"그런데 네가 그렇게 그것들을 빨리 잊는다면, 네가 우리를 계속 기억할 것이라고 어떻게 우리가 확신할 수 있겠니?" 한 번은 웬디가 말했다.

p.62 "웬디." 피터가 대답했다. "내가 너를 잊고 있다는 것을 알게 되면, 그냥 계속해서 '나는 웬디야.'라고 말해 줘. 그러면 내가 기억해 낼 거야."

하늘을 가로질러 일주일 이상을 날아간 후에, 그들은 마침내 네버랜드에 가까워졌다. 더군다나 피터나 팅커 벨이 웬디와 존과 마이클을 안내하고 있던 것이 아니었다. 사실 그들은 일직선으로 날아오고 있던 터였다. 이것은 사람들이 네버랜드를 찾는 것이 아니라 네버랜드가 사람을 찾아오는 것이기 때문이었다. 누구든지 네버랜드에 한 번이라도 갈 수 있으려면 그렇게 하는 수밖에 없었다.

"저기 있군." 피터가 말했다.

"어디? 어디?" 웬디가 물었다.

"저기, 모든 화살들이 가리키고 있는 곳."

백만 개의 황금 화살들이 모두 그들의 친구인 태양의 지휘로 아이들에게 네버랜드를 가리켜 주고 있었다.

이상하게도 웬디와 존과 마이클은 모두 즉시 네버랜드를 알아보았다.

p.63 그들은 모두 그 아름다운 섬을 보게 되어 기뻤으나, 이 기쁜 마음은 오래 지속되지는 않을 것이었다. 곧 황금 화살들이 사라졌고 섬은 어둠 속에서 상당히 음침해 보였다. 그들은 섬을 가로질러 낮게 날면서 피터 가까이로 옹기종기 모였다.

"저들은 우리가 착륙하는 것을 원하지 않아." 피터가 설명했다.

"저들이 누군데?" 웬디가 덜덜 떨면서 물었다.

피터는 말할 수 없던 것이었든지 아니면 말하지 않으려고 했다. 팅커 벨은 피터의 어깨 위에서 잠들어 있었는데, 이제 피터는 팅커 벨을 깨워 선두로 보냈다.

"우리 바로 아래쪽 대초원에 잠들어 있는 해적이 있어." 피터가 낮은 목소리로 속삭였다. "너희만 괜찮다면, 우리가 내려가서 그를 죽일 거야."

p.64 "너는 해적들을 많이 죽이니?" 존이 물었다.

"엄청 많이."

"누가 해적들의 대장이야?"

"후크." 피터가 대답했다. 그 혐오스러운 단어를 말할 때 피터의 얼굴은 몹시 무서워졌다.

"제임스 후크?"

마이클은 울기 시작했고, 심지어 존의 눈에도 눈물이 고였는데, 그들도 어찌어찌해서 후크의 평판을 알고 있었기 때문이었다.

"사람들이 말하는 것처럼 후크 선장은 덩치가 크니?" 존이 물었다.

"예전처럼 크지는 않아."

"그게 무슨 말이야?"

"내가 후크의 오른손을 잘랐거든."

"뭐라고! 후크가 여전히 싸울 수 있어?"

"그럼. 후크는 오른손 대신 쇠갈고리를 가지고 있고, 그것으로 할퀴지. 그리고 내 부하로 있는 아이들이라면 모두 약속해야 하는 것이 하나 있는데, 너도 그래야 해."

p.65 존은 창백해졌다.

"그게 뭔데, 피터?"

"우리가 싸우는 도중 후크를 만나면, 너는 그를 나에게 맡겨야 해."

"약속할게." 존이 충심으로 말했다.

그 순간 팅커 벨이 피터의 어깨에 내려앉아 무엇인가를 그의 귀에 속삭였다.

"어둠이 내리기 전에 해적들이 우리를 보았다고 팅커 벨이 나한테 말하네." 피터가 말했다. "그리고 장거리포를 꺼냈대."

"커다란 대포 말이야?" 존이 말했다.

"그래. 그리고 그들은 팅커 벨의 불빛 때문에 우리를 볼 수 있어. 우리 중 딱 한 사람이라도 호주머니가 있다면 그 안에 넣어 팅커 벨을 데리고 다니면 될 텐데."

"나에게 생각이 있어!" 존이 소리쳤다. "팅커 벨을 내 모자 안에 넣어 데리고 다니는 건 어때?"

팅크는 모자 안에 들어가 이동하는 것에 동의했고, 웬디는 그 모자를 손에 들고 날랐다. 그들은 조용히 날았다. p.66 마이클은 그 쓸쓸한 고요함을 두려워했다.

"무엇이든 소리가 나면 좋을 텐데!" 마이클이 말했다.

마이클의 요청에 대답하듯, 그가 들어본 중 가장 어마어마한 굉음과 함께 하늘이 뒤흔들렸다. 해적들이 그들에게 장거리포를 쏜 것이었다.

마침내 다시 조용해졌을 때, 존과 마이클은 자신들이 어둠 속에 둘만 있다는 것을 깨달았다.

"너 맞았니?" 존이 걱정스럽게 속삭였다.

"아니." 마이클이 속삭이는 소리로 답했다.

아무도 맞지 않았지만, 피터는 포격 때문에 생긴 바람에 의해 멀리 바다로 날아가 버린 반면, 웬디는 팅커 벨을 제외하면 친구 하나 없이 위로 날아가 버렸다.

팅커 벨은 갑자기 모자에서 휙 튀어나와 웬디를 죽음으로 이끌기 위해 꾀기 시작했다. p.67 팅커 벨은 나쁜 요정은 아니었지만, 요정들은 아주 작기 때문에 한 번에 단 하나의 감정을 가질 여유만 있다. 그리고 그 순간 팅커 벨은 웬디를 향한 질투심으로 가득 차 있었다.

팅커 벨은 웬디 주변을 날아다니며 요정의 언어로 웬디에게 말했다. 물론 웬디는 팅커 벨이 하고 있는 말을 이해하지 못했으나, 그것이 "나를 따라와."라는 말이 포함된 어떤 말임을 알았다.

웬디는 팅커 벨이 여자들의 무서운 증오심으로 자신을 증오한다는 사실을 망각하고 팅커 벨을 따라 그녀의 끔찍한 운명을 따라갔다.

섬이 나타나다

p.68 피터가 돌아오는 중임을 느끼면서 네버랜드는 다시 활기를 띠었다. 피터가 없는 동안 섬에서의 상황은 대체적으로 아주 조용했다. 요정들은 아침에 한 시간을 더 잤고, 짐승들은 새끼들을 돌봤으며, 인디언들은 엿새 밤낮을 엄청나게 먹어댔다. 그리고 해적들이 잃어버린 아이들을 만나면 그냥 서로를 비웃었다. p.69 하지만 피터는 무기력함을 몹시 싫어했다. 그래서 이제 땅에 귀를 대 보면, 섬 전체가 생기로 끓어넘치는 소리를 듣게 될 것이었다.

이 특별한 저녁에 길 잃은 아이들은 피터를 찾으러 외출했다. 한편 해적들은 잃어버린 아이들을 찾아 밖에 나와 있었고, 인디언들은 해적들을 찾아 밖에 나와 있었으며, 짐승들은 인디언들을 찾아 밖에 나와 있었다. 그들은 섬을 빙빙 돌았지만, 모두 같은 속도로 가고 있었기 때문에 만나지는 않았다.

아이들은 오늘 밤에 자신들의 대장을 맞이하러 나갔다. 섬의 아이들은 수적으로 달라지는데, 그들이 죽음을 당하기도 하고 새로운 아이들이 받아들여지는 등등의 일이 생기기 때문이다. p.70 그들 중 누구라도 자라고 있는 것 같으면, 그것은 규칙에 어긋나기 때문에, 피터는 그들을 내쫓는다. 지금은 쌍둥이를 두 사람으로 쳐서 여섯 명이 있었다. 이제 그 아이들이 각자 손에 단도를 쥐고 일렬종대로 움직일 때 그 아이들을 지켜보자.

아이들은 피터처럼 보이는 것이 금지된다. 그들은 자기들이 죽인 곰 가죽을 입는다. 가장 먼저 지나간 아이는 투틀즈였는데, 그는 그 무리 중 제일 덜 용감한 것이 아니라 가장 불운했다. 투틀즈는 다른 아이들보다 모험에 덜 참여했는데, 그가 모퉁이를 돌기만 했다 하면 끊임없이 큰일이 벌어졌기 때문이었다. 이러한 불운이 투틀즈를 그 소년들 중 가장 겸손한 아이로 만들었다.

다음으로는 즐겁고 명랑한 닙스가 지나가고, 그 다음으로는 슬라이틀리가 따랐는데 그 아이는 나무를 깎아 호루라기를 만들고 자신의 곡조에 맞춰 무아지경으로 춤을 춘다. 슬라이틀리는 길 잃은 아이들 중 가장 자부심이 강하다. p.71 슬라이틀리는 자신이 미아가 되기 전의 시절들을 기억한다고 믿는다. 컬리는 줄에서 네 번째인데, 그는 그 무리의 말썽꾸러기이다. 마지막에는 쌍둥이들이 오는데 누구든 쌍둥이 중 틀린 아이를 묘사할 것이 분명하기 때문에 쌍둥이들은 묘사될 수 없다.

아이들은 어둠 속으로 사라지고, 잠시 후 그들이 지나간 자취를 따라 해적들이 나타난다. 우리는 해적들이 눈에 보이기 전에 소리를 먼저 듣게 되는데, 그들이 늘 똑같은 무시무시한 노래를 부르기 때문이다.

"멈춰라, 멈춰라, 어기영차 올려라,
이제 우리는 해적질을 하러 갈 거야,
그리고 총에 맞아 헤어진다면,
우리는 저승에서 만날 게 분명해!"

p.72 가장 사악하게 생긴 무리가 처형대 위에 한 줄로 서 있었다. 여기, 약간 앞에는 이탈리아 인인 잘생긴 세코가 있었다. 그의 뒤에는 온몸에 문신을 한 빌 주크스와 블랙 머피의 형제라고 하는 쿡슨이 서 있었다. 그의 뒤에는 죽이는 방식이 멋스러운 신사 스타키와 스카이라이츠가 있었다. 또한 아일랜드 인 갑판장 스미가 있었는데, 상냥하게 칼로 찔러 죽이는 이상하리만치 정다운 사람이었다. 스미는 후크의 선원 중 유일한 비국교도였다. 그리고 뒷짐을 지고 있는 누들러, 멀린스와 앨프 메이슨, 그리고 카리브 해에서 오랫동안 알려져 있고 두려움을 느끼게 하는 다른 많은 악당들이 있었다.

그 사나운 무리 가운데에, 그 음울한 무리에서도 가장 시커멓고 덩치가 큰 사람이 제임스 후크였다. 후크는 자기 부하들이 밀고 끄는 대충 기본 뼈대만 갖추어 만든 전투용 전차에 편하게 누워 있었다. 오른손 대신 후크는 쇠갈고리를 가지고 있었다. 이 끔찍한 사람은 부하들을 개처럼 다루었고, 부하들은 그에게 복종했다. p.73 후크는 피부색이 매우 까맣고 머리는 긴 고수머리로 치장되어 있었다. 그의 잘생긴 얼굴에는 이상하게 아주 위협적인 표정이 서려 있었다. 그의 눈은 우수를 자아내는 푸른색이었다.

후크의 태도에는 당당한 무언가가 있었다. 후크는 불굴의 용기를 지닌 사람이었다. 후크가 보고 겁을 먹는 유일한 것은 자기 자신의 피를 보는 광경이라고 했다. 후크는 찰스 2세와 다소 비슷하게 옷을 차려입고 있었다. 입에는 늘 담뱃대를 물고 다녔는데, 자신이 직접 만든 것이었다. 하지만 의심할 여지없이 후크에게서 가장 소름끼치는 부분은 그의 쇠갈고리였다.

p.74 후크가 얼마나 잔인한지 보여 주기 위해서 이제 해적을 한 명을 죽여 보자. 스카이라이츠가 죽을 것이다. 해적들이 지나갈 때, 스카이라이츠가 우연히 비틀거리며 후크에게 기댔다가 후크의 레이스 깃을 구긴다.

쇠갈고리가 앞으로 쑥 튀어나오고 쥐어뜯는 소리와 아아악 하는 귀에 거슬리는 날카로운 비명 소리가 한 번 난다. 그런 다음 스카이라이츠의 죽은 몸뚱이가 옆으로 차인다. 해적들이 계속 지나간다. 후크는 자기 입에서 담배를 빼지도 않았다.

해적들의 흔적을 따라 인디언들이 오는데, 그들 중 모두가 빈틈없이 경계하고 있다. 그들은 작은 손도끼와 칼을 들고 다니며 그들의 벌거벗은 몸은 물감과 기름으로 번들거린다. 그들은 또한 해적들의 머리 가죽뿐만 아니라 아이들의 머리 가죽까지 들고 다니는데, 그들이 피카니니 부족이기 때문이다. 모두 네 명을 이끌고 있는 사람은 그레이트 빅 리틀 팬서이다. 그는 아주 많은 머리 가죽을 가지고 있는 용감한 이로 그의 현재 상태에서는 그것들이 다소 그의 진로를 방해한다. 후방에는 타이거 릴리가 오는데, 그녀는 타고난 추장의 딸이다. 그녀는 피부색이 검은 여자 사냥꾼들 중 가장 아름다우며 피카니니 부족 중에서도 미인이다. p.75 이제 인디언들은 아주 작은 소리도 내지 않고 떨어져 있는 잔가지들 위를 지나간다.

인디언들은 그들이 올 때만큼이나 조용히 사라진다. 머지않아 그들의 자리는 짐승들로 대체된다. 그것은 사자, 호랑이, 곰, 그리고 인디언들을 피해 도망가는 더 작은 수많은 짐승들의 거대하고 잡다한 행렬이다. 오늘 밤에 그 동물들은 배가 고프기 때문에 혀를 앞으로 쑥 내밀고 있다.

짐승들이 지나가면 그들 모두의 맨 끝에 거대한 악어가 온다. 우리는 곧 그 악어가 누구를 찾고 있는지 알게 될 것이다.

p.76 악어가 지나가지만, 곧 아이들이 다시 나타난다. 그 집단들 중 하나가 멈춰 서거나 속도를 바꾸기 전가지 행렬은 무한정 계속되어야 한다. 그러다가 그들은 순식간에 엎치락뒤치락하게 된다.

움직이는 원에서 가장 먼저 자리를 벗어난 집단은 아이들이었다. 그들은 걸음을 멈추고 지하에 있는 자기들 집에 가까운 땅 위에 주저앉았다.

"피터가 빨리 오면 좋겠어." 모두 자기네 대장보다 더 키가 크고 몸집이 큼에도 불구하고 아이들은 저마다 초조하게 말했다.

"피터가 돌아오면 좋겠어." 슬라이틀리가 말했다. "그리고 우리한테 신데렐라에 관해 더 들은 것이 있는지 말해 주면 좋겠어."

아이들은 신데렐라에 대해 이야기했고, 투틀즈는 자기 엄마가 신데렐라와 아주 흡사했던 것이 틀림없다고 확신했다. 아이들이 엄마에 대해 이야기할 수 있는 것은 피터가 없을 때뿐이었다.

p.77 아이들이 이야기하고 있는 동안 멀리서 소리가 들렸다. 그것은 음산한 노래였다.

"어기영차, 어기영차, 해적의 삶,
해골과 뼈가 그려진 깃발,
즐거운 시간, 교수형 밧줄,
그리고 데비 존스 만세."

길 잃은 아이들은 눈 깜짝할 사이에 사라졌다.

주위를 둘러보려고 짤짤거리며 달려간 닙스를 제외하면 그들은 모두 땅 밑에 있는 집으로 물러갔다. 그곳은 아주 쾌적한 곳이었다. 하지만 그들이 그곳에 어떻게 도달했을까? 눈에 보이는 입구는 없었다. 그러나 자세히 보라. 그러면 일곱 그루의 커다란 나무들이 있고, 각각의 나무에는 속이 빈 나무 몸통 안에 아이 한 명의 크기만큼 큰 구멍이 있었다. p.78 이것들이 땅 밑의 집으로 들어가는 일곱 개의 입구였다. 후크는 몇 개월 동안 그 입구들을 찾아 수색해 왔지만 헛수고였다.

해적들이 전진할 때, 스타키의 재빠른 눈에 숲을 통과하여 사라지는 닙스가 띄었다. 스타키는 권총을 꺼냈으나, 쇠갈고리가 그의 어깨를 잡았다.

"선장님, 놔 주세요!" 스타키가 소리쳤다.

"먼저 그 권총을 도로 넣어라." 후크가 저음의 으스스한 목소리로 위협적으로 말했다.

"제가 저 아이를 쏴 죽일 수 있었어요."

"하지만 그 소리는 타이거 릴리의 인디언들을 우리에게 데려올 거야."

"저 녀석을 쫓아갈까요, 선장님?" 스미가 물었다. 스미는 많은 귀여운 특성이 있었다. 예를 들어, 살인을 저지른 후 스미는 자신의 무기 대신 안경을 닦았다.

"아니, 스미." 후크가 험악하게 말했다. "나는 녀석들 일곱 명을 모두 원해. 그 녀석들을 흩어 놓고 찾아."

p.79 해적들은 나무들 사이로 사라졌다. 잠시 후 후크와 스미 둘만 남았다.

"무엇보다도 나는 그들의 대장 피터 팬을 원해." 후크가 자신의 갑판장에게 열을 내며 말했다. "내 팔을 자른 놈이 그 녀석이야." 후크가 위협적으로 갈고리를 보여 주었다. "나는 이것으로 그놈의 손을 잡고 악수하려고 오랫동안 기다려 왔어! 그 녀석이 마침 그 옆을 지나가고 있던 악어에게 내 팔을 던졌지."

"종종 악어들에 대한 선장님의 이상한 두려움을 눈치채기는 했어요."

"악어들이 아니다." 후크가 말했다. "하지만 그 악어 한 마리는 정말 무서워." 이제 후크는 속삭이고 있었다. "그 악어가 내 팔을 아주 마음에 들어 했어, 스미. 그래서 그 이후로 나를 쫓아다니고 있어. 그 악어는 내 몸의 나머지 부분을 먹고 싶어 해. p.80 나에게는 다행스럽게도, 그 악어는 시계를 삼켰고, 시계는 악어 뱃속에서 째깍째깍 소리를 내고 있지. 그래서 그 악어가 가까이 있으면 나는 그 째깍거리는 소리를 듣고 도망칠 수 있어."

"언젠가 시계가 째깍거리는 것을 멈추면, 악어가 선장님을 잡아먹겠군요." 스미가 말했다.

"그것이 나를 괴롭히는 두려움이지."

자리에 앉은 후부터 후크는 이상하게 덥다고 느꼈다.

"스미." 후크가 말했다. "이 자리는 뜨겁구나."

그들은 버섯을 잡아 뽑으려고 했고, 그것은 즉시 떨어져 나와 그들의 손에 있었다. 연기가 오르기 시작했다.

"굴뚝이구나!" 후크가 소리쳤다.

그들은 땅 밑 집의 굴뚝을 발견한 것이었다. 그들은 귀를 굴뚝 가까이에 대고 아이들의 목소리를 들었다. 해적들은 험상궂은 표정으로 귀를 기울였고, 그런 다음 버섯을 제자리에 놓았다. 그들은 자기들 주변을 둘러보고 일곱 그루의 나무에서 구멍들을 발견했다.

p.81 "아이들이 피터 팬이 집에 왔다고 말하는 것을 들었습니다." 스미가 속삭였다.

"이제 우리는 우리 배로 돌아갈 거야." 후크가 사악한 미소를 지으며 말했다. "그리고 녹색 설탕을 뿌린 맛이 진한 커다란 케이크를 만들 거야. 아래에는 방이 하나만 있을 거야. 굴뚝이 하나뿐이니까 말이야. 저 어리석은 악당들은 각자에게 문이 하나씩 있을 필요가 없다는 것을 알 만한 판단력이 없었어. 그것은 저 녀석들이 엄마가 없다는 것을 나타내는 거야. 우리는 인어의 석호 기슭에 그 케이크를 남겨둘 거야. 그 녀석들은 늘 거기서 인어들과 함께 놀며 헤엄을 치고 다니거든. 녀석들은 케이크를 보고 그것을 게걸스럽게 먹어 치울 거야. 왜냐하면 엄마가 없으니까 맛이 진한 촉촉한 케이크를 먹는 것이 얼마나 위험한지 모르거든." 후크는 웃음을 터뜨렸다. p.82 "그러면 녀석들은 죽을 거야."

스미는 끝없이 감탄하며 귀를 기울였다.

"그것은 제가 들어본 중 가장 사악하고 가장 멋진 계획입니다!" 스미가 소리쳤다. 기뻐하면서 그들은 춤을 추고 노래를 불렀다.

"멈춰라, 멈춰, 내가 나타나면,
그들은 두려움에 압도당하지.
후크의 갈고리 손과 악수하면
뼈도 못 추릴 거야."

그들은 갑자기 노래 부르는 것을 멈추었는데, 또 다른 소리가 끼어들어 그들의 입을 다물게 했기 때문이었다. 처음에 그 소리는 희미했지만, 가까워지면서 소리가 더 분명해졌다.

째각째각!

후크는 한 발을 허공에 든 채로 벌벌 떨며 얼어붙었다.

"악어다!" 후크가 헉 하고 숨을 내쉬었다. 그 말과 함께 후크는 달아났고, 그의 갑판장이 뒤를 따랐다.

p.83 정말로 그것은 악어였다. 악어는 인디언들을 막 지나쳤는데, 그들은 지금 나머지 다른 해적들을 뒤쫓고 있었다. 악어는 계속해서 후크를 추적했다.

다시 한번 아이들은 공터로 나왔다. 닙스는 한 무리의 늑대들에게 쫓기어 그들을 향해 숨 가쁘게 돌진했다.

"살려줘, 살려줘!" 닙스가 소리쳤다.

"하지만 우리가 어떻게?" 슬라이틀리가 소리쳤다.

"피터라면 어떻게 했을까?" 그들이 동시에 소리쳤다.

거의 동시에 그들은 외쳤다. "피터라면 몸을 굽히고 다리 사이로 몸을 넣어 늑대들을 쳐다볼 거야."

즉시 아이들은 몸을 굽히고 자신들의 다리 사이에 몸을 넣고 쳐다보았다. 승리는 빨리 찾아왔다. 아이들이 무시무시한 자세로 늑대들을 향해 전진하자 늑대들은 꼬리를 내리고 도망쳤다.

p.84 이제 닙스는 땅에서 일어섰다. 닙스는 하늘을 응시하고 있었다.

"커다란 흰 새가 보여." 닙스가 말했다. "이리로 오고 있어."

"어떤 종류의 새야?"

"몰라." 닙스가 말했다. "하지만 지친 것처럼 보여. '불쌍한 웬디!'라고 소리치고 있어!"

"불쌍한 웬디?" 다른 아이들이 일제히 외쳤다.

"기억나." 슬라이틀리가 말했다. "웬디라고 불리는 새가 있어."

"봐, 이리로 온다!" 컬리가 하늘에 있는 웬디를 가리키며 소리쳤다.

웬디는 이제 거의 아이들 바로 위쪽 하늘에 있었고, 아이들은 웬디가 우는 소리를 들을 수 있었다. 하지만 보다 분명한 것은 팅커 벨의 앙칼진 목소리였다. 질투심에 사로잡힌 요정은 이제 우정으로 위장한 모든 것을 벗어던지고 웬디가 건드릴 때마다 무지막지하게 꼬집으며 사방에서 웬디에게 돌진하고 있었다.

p.85 "안녕, 팅크." 궁금증을 갖고 있는 아이들이 외쳤다.

"안녕, 얘들아." 팅크가 대답했다. "피터는 너희가 웬디를 쏘기를 원해."

그들은 결코 피터의 명령에 의문을 갖지 않았다.

"어서, 활과 화살을 가져와!" 생각이 단순한 아이들이 소리쳤다.

투틀즈를 제외한 모두가 나무 밑으로 내려갔다. 투틀즈는 자신의 활과 화살을 가지고 있었다. 팅크가 이를 보고 자신의 작은 손을 비볐다.

"어서, 투틀즈, 어서!" 팅크가 소리쳤다.

투틀즈는 신이 나서 자신의 활에 화살을 걸었다.

"저리 비켜, 팅크!" 투틀즈가 외쳤다. 그런 다음 투틀즈는 활을 쏘았고, 웬디는 가슴에 화살을 맞고 땅으로 떨어졌다.

작은 집

p.86 다른 아이들이 나무에서 나타났을 때, 어리석은 투틀즈는 웬디의 시신 옆에 정복자처럼 서 있었다.

"너희는 너무 늦었어." 투틀즈가 자랑스럽게 소리쳤다.

팅커 벨은 쏜살같이 숨었다. 아이들은 웬디 주변에 모여들었고, 그들이 바라보는 동안 무시무시한 정적이 숲에 감돌았다. p.87 슬라이틀리가 가장 먼저 말을 꺼낸 아이였다.

"이것은 새가 아니야." 슬라이틀리가 겁에 질린 목소리로 말했다. "내 생각에는 숙녀인 것 같아."

"숙녀?" 투틀즈가 벌벌 떨며 말했다.

"그리고 우리가 숙녀를 죽였어." 닙스가 말했다.

아이들은 모두 모자를 벗었다.

"이제 알겠어." 컬리가 말했다. "피터가 드디어 이 숙녀를 우리에게 데리고 오던 중이었던 거야."

"우리를 보살펴 주려고 하던 숙녀였던 거야." 쌍둥이 중 한 명이 말했다. "그리고 우리가 그 숙녀를 죽였어!"

천천히 자리를 뜰 때 투틀즈의 얼굴이 창백해졌다.

"가지 마." 아이들이 동정하며 말했다.

"나는 떠나야 해." 덜덜 떨며 투틀즈가 말했다. "피터가 나에게 무슨 짓을 할지 무섭단 말이야."

아이들이 피터가 꼬끼오 하고 우는 것을 들은 것은 바로 이 비극적인 순간이었다. 피터는 언제나 수탉의 울음소리를 신호로 자신의 귀가를 알렸다.

p.88 "피터!" 아이들이 소리쳤다.

"숙녀를 숨겨." 아이들이 속삭이고, 허둥지둥 웬디 주변으로 모였다.

"안녕, 애들아." 착지하면서 피터가 말했다. 아이들은 기계적으로 피터에게 경례했고, 그런 다음 다시 침묵에 빠졌다.

"아주 좋은 소식이야, 애들아." 피터가 외쳤다. "내가 드디어 너희 모두를 위해 엄마를 데려왔어."

투틀즈가 무릎을 꿇었다.

"엄마를 못 봤니?" 피터가 근심스러운 표정으로 물었다. "이쪽으로 날아왔는데."

투틀즈가 일어섰다. "피터." 투틀즈가 침착하게 말했다. "너에게 그 숙녀를 보여 줄게. 물러서, 쌍둥이들아. 그리고 피터가 보게 해 줘."

피터는 조용히 웬디를 쳐다보았다.

"저것이 누구의 화살이지?" 피터가 엄하게 물었다.

"내 거야, 피터." 투틀즈가 말했는데, 그는 이제 다시 무릎을 꿇었다.

"오, 이 어리석은 녀석." 피터가 단도를 뽑으며 말했다. 투틀즈는 움찔하지도 않았다.

p.89 "죽여 줘, 피터." 투틀즈가 엄숙하게 말했다. "지금 나를 죽여 줘!"

"기다려!" 닙스가 웬디를 가리키며 말했다. "웬디 숙녀 말이야, 봐, 그녀의 팔을!"

아주 놀랍게도 웬디는 자신의 팔을 들어 올렸다.

"웬디가 살아 있어." 피터가 말했다.

"웬디 숙녀가 살아 있다!" 아이들이 소리쳤다.

피터는 웬디 옆에 무릎을 꿇고 웬디가 자신의 목에 걸기 위해 목걸이에 매달아 두었던 단추를 발견했다.

"봐, 화살이 이것을 맞혔어." 피터가 말했다. "내가 웬디에게 준 입맞춤이 그녀의 목숨을 구했어!"

"나는 입맞춤이 기억나." 슬라이틀리가 재빨리 끼어들었다. "나 좀 보여 줘. 그래, 저것이 입맞춤이야."

p.90 머리 위에서 울부짖는 소리가 들려왔다.

"팅크다." 컬리가 말했다. "웬디 숙녀가 죽지 않아서 우는 거야."

이제 아이들은 피터에게 팅크의 죄에 관해 말하지 않을 수 없었다. 그들은 피터가 그렇게 엄한 표정을 짓는 것을 본 적이 없었다.

"잘 들어, 팅커 벨." 피터가 소리쳤다. "나는 더 이상 네 친구가 아니야. 가 버려. 그리고 영원히 돌아오지 마."

팅커 벨은 피터의 어깨 위로 날아와 애원했지만, 피터는 그녀를 스윽스윽 털어 내 버렸다. 웬디가 피터에게 그 요정을 용서해 주라고 부탁하고 나서야 피터는 팅커 벨에게 말했다. "좋아, 영원히는 아니야. 하지만 일주일 동안은 너를 보고 싶지 않아."

"자, 웬디 숙녀를 땅 밑의 집으로 데려가자." 컬리가 제안했다.

"아냐, 아냐, 웬디에게 손대지 마." 피터가 말했다. "그것은 무례한 일이라고."

"하지만 그곳에 누워 있으면 죽을 거야." 투틀즈가 말했다.

p.91 "그렇다면 웬디 주위에 작은 집을 만들자." 피터가 말했다.

길 잃은 아이들이 그들의 숙녀 주위에 집을 지을 준비를 하느라 바쁠 때, 존과 마이클이 도착했다. 그들은 피터를 발견하고 매우 안심했다.

"안녕, 피터." 존과 마이클이 말했다.

"안녕." 비록 그들에 관해서는 모두 잊은 터였지만, 피터가 친절하게 대답했다. 피터는 그때 웬디에게 얼마나 큰 집이 필요할지 알아내려고 자신의 발로 웬디의 치수를 측정하느라 몹시 분주한 상태였다.

"웬디 누나는 자고 있는 거야?" 존이 물었다.

"그래. 이제 우리가 집 짓는 것을 도와줘."

"집을 지어?" 존이 소리쳤다.

"웬디를 위해서야." 컬리가 말했다.

"웬디 누나를 위해서?" 존이 놀라서 말했다. p.92 "왜, 웬디 누나는 그냥 여자아이일 뿐이야."

"그게 우리가 웬디의 하인들인 이유야." 컬리가 설명했다.

"하인들이라고!"

"그래, 그리고 너 역시 웬디의 하인이야." 피터가 말했다. "자, 일을 좀 해."

두 형제는 패고 쪼개고 나르기 위해 끌려갔다.

"슬라이틀리, 가서 의사를 데려와." 피터가 소리쳤다.

"알았어, 알았어." 슬라이틀리가 말했다. 슬라이틀리는 머리를 긁적거리며 사라졌다. 하지만 슬라이틀리는 피터에게 복종해야 한다는 것을 알았다. 그리고 곧 존의 모자를 쓰고 점잔 빼는 표정으로 돌아왔다.

"저, 선생님, 의사이신가요?" 피터가 슬라이틀리에게 말했다.

그러한 때에 피터와 다른 아이들 사이의 차이점은 아이들은 그것이 사실인 척하는 것임을 알았지만, 피터에게는 사실인 척하는 것과 사실이 정확히 똑같은 것이었다.

"그렇소, 꼬마 양반." 슬라이틀리가 초조하게 대답했다.

p.93 "제발요, 선생님." 피터가 말했다. "이 숙녀가 매우 아픕니다."

"쯧쯧쯧." 슬라이틀리가 말했다. "내가 한 번 보겠네."

"어떤가요?" 피터가 물었다.

"쯧쯧쯧." 슬라이틀리가 말했다. "이것이 이 여자아이를 낫게 해 줄 거야." 슬라이틀리는 웬디에게 실제로 약을 주는 척했다.

"오, 의사 선생님, 감사합니다!" 피터가 소리쳤다.

"저녁에 다시 들르겠소." 슬라이틀리가 말했다. 존에게 모자를 돌려주고 나서, 슬라이틀리는 크게 숨을 내쉬었는데, 이것은 어려운 일에서 벗어났을 때 하는 그의 습관이었다.

그 사이에, 다른 아이들은 나무를 모으고 자르느라 분주했다. 갑자기 눈도 뜨지 않고 웬디는 노래를 하기 시작했다.

p.94 "나는 예쁜 집을 갖고 싶어,
여태껏 본 것 중 가장 작은,
재미있고 작은 붉은 담과
이끼 낀 초록 지붕이 있는 집을."

아이들은 이를 듣고 기뻐서 환호했는데, 그들이 가지고 온 가지들이 붉은 수액으로 끈적였고, 땅은 온통 이끼로 폭신하게 뒤덮여 있기 때문이었다. 그들은 노래하기 시작했다.

"우리는 작은 담과 지붕을 만들었네,
그리고 예쁜 문도 달았지,
그러니까 말해 주세요, 웬디 엄마,
무엇을 더 원하시나요?"

이에 웬디는 탐욕스럽게 대답했다.

"오, 정말로 내 생각에 다음에는
여기저기 화려한 창문을 달아야겠어,
장미들이 엿보고 있고, 알다시피,
아기들은 밖을 내다보는 창문을."

그래서 아이들은 창문을 만들었으며, 커다란 노란 나뭇잎들이 블라인드로 사용되었다.

"이제 우리는 장미가 필요해." 피터가 엄숙하게 말했다.

p.95 재빨리 아이들은 가장 아름다운 장미들이 담을 타고 올라가도록 키우는 척했다.

그러면 아기들은 어떡하지?

피터가 아기들을 주문하는 것을 막으려고 아이들은 서둘러 다시 노래를 했다.

"우리는 밖을 내다보는 장미를 만들었네,
아기들은 문간에 있지,
우리가 우리를 아기로 만들 수는 없어, 알다시피,
우리도 전에 아기로 만들어졌으니까."

피터는 만족했다. 집은 아주 아름다웠다. 그리고 웬디가 그 안에서 아주 편안하다는 것은 의심의 여지가 없었다. 피터는 엄숙한 얼굴로 집 주위를 걸었다.

"문을 두드릴 때 쓰는 쇠고리가 없군." 피터가 말했다.

투틀즈는 자기 구두의 밑창을 주었고, 그것이 훌륭한 쇠고리가 되었다.

"굴뚝이 없군." 피터가 말했다.

p.96 피터는 존의 머리에서 모자를 잡아채어 정수리 부분을 자르고 그 모자를 지붕 위에 올려놓았다. 고맙다고 인사라도 하듯, 연기가 즉시 모자 밖으로 피어오르기 시작했다.

"자, 나는 너희들 모두가 가장 멋져 보이기를 원해." 피터가 아이들에게 말했다. "첫 인상은 아주 중요해."

모두 채비를 했을 때, 피터는 공손하게 문을 두드렸다.

문이 천천히 열렸고, 한 숙녀가 나왔다. 그것은 웬디였다. 아이들은 모두 후다닥 자신들의 모자를 벗었다.

"내가 어디 있는 거지?" 웬디가 물었다.

물론 슬라이틀리가 말을 꺼낸 첫 번째 아이였다.

"웬디 숙녀." 슬라이틀리가 재빨리 말했다. "우리가 웬디 숙녀를 위해 이 집을 지었어요."

"오, 마음에 든다고 말해 주세요!" 닙스가 소리쳤다.

"참 예뻐. 예쁜 집이야." 웬디가 말했다. 아이들은 기뻐했다.

"우리는 웬디 숙녀의 아이들이에요." 쌍둥이가 말했다.

p.97 그들은 모두 무릎을 꿇고 팔을 활짝 벌렸다.

"오, 웬디 숙녀, 우리의 엄마가 되어 주세요!" 그들이 일제히 외쳤다.

"나도 그러고 싶어." 웬디가 말했다. "하지만 너희도 보다시피 나는 그냥 어린 여자아이에 불과해. 엄마였던 경험이 없단 말이야."

"그것은 상관없어." 피터가 말했다. "우리는 단지 착한 엄마 같은 사람이 필요할 뿐이거든."

"오, 정말?" 웬디가 말했다. "나는 내가 바로 그런 사람이라고 생각해."

"그래요, 그래요!" 아이들이 모두 외쳤다.

"아주 좋아." 웬디가 말했다. "최선을 다할게. 이제 안으로 들어와, 요 개구쟁이들아. 너희를 재우기 전에 내가 신데렐라 이야기를 마저 끝낼 시간이 충분하구나."

아이들은 안으로 들어갔고, 그것이 그들이 웬디와 함께한 많은 즐거운 저녁들 중 최초의 저녁이었다. p.98 머지않아 웬디는 아이들을 나무 아래 집에 있는 커다란 침대에 눕히고 이불을 끌어올려 덮어 주었다. 하지만 자기 자신은 그날 밤에 작은 집에서 잤다. 피터는 칼을 꺼내 든 채 밖에서 망을 봤는데, 해적들이 멀리서 술을 마시는 소리가 들리고 늑대들이 먹이를 찾아 어슬렁거리고 있기 때문이었다. 어둠 속에서 작은 집은 매우 아늑하고 안전해 보였다. 얼마 후, 피터는 잠이 들었고, 네버랜드에 있는 모든 것이 고요하고 조용했다.

땅 밑의 집

p.99 다음날 피터가 했던 첫 번째 일은 속이 빈 나무를 찾으려고 웬디와 존과 마이클의 신체 치수를 재는 일이었다. 후크는 아이들 각자가 나무를 필요로 한다고 생각한 것을 비웃었지만, 후크야말로 무지한 사람이었다. p.100 알다시피 모든 아이들은 몸집이 달랐다. 그리고 나무가 몸에 딱 들어맞지 않으면 오르내리기가 어려웠다.

웬디와 존과 마이클은 곧 그들의 땅 밑 집을 좋아하게 되었다. 특히 웬디가 그랬다. 그 집은 모든 집들이 의당 그렇듯 커다란 방이 하나 있었다. 그 방에는 낚시를 하러 가고 싶으면 지렁이를 잡기 위해 땅을 팔 수 있는 바닥도 있었다. 바로 그 바닥에서 의자로 사용되는 통통한 버섯들이 자랐다.

네버 나무는 방 한가운데에서 자라려고 힘겹게 애썼지만, 매일 아침 아이들은 그것을 바닥과 평평한 높이로 나무의 몸통을 톱으로 켰다. 그 나무는 차 마시는 시간쯤이면 늘 약 2피트 정도 높이가 되었고, 그러면 아이들은 그것을 탁자로 사용하려고 위에 문짝을 놀려놓곤 했다.

차를 다 마시자마자 아이들은 놀 공간을 더 만들기 위하여 다시 나무 몸통을 톱으로 켰다. p.101 낮에는 침대가 벽 쪽으로 젖혀졌고, 6시 30분에 내려졌다. 침대는 아주 커서 방의 거의 절반을 채웠다. 마이클을 제외한 모든 아이들은 그 안에 통조림 속의 정어리처럼 누워서 잤다. 마이클 역시 침대에서 자고 싶어 했지만, 웬디는 아기를 원했다. 마이클이 가장 작았기 때문에, 웬디는 그를 바구니 안에 넣어 매달아 두었다. 담에는 구멍이 하나 있었는데, 새장보다 크지는 않은 크기였다. 이것은 팅커 벨의 개인 방이었다. 그것은 작은 커튼 하나로 집의 나머지 부분과 차단될 수 있었다.

집에서의 생활은 웬디에게는 넋을 빼놓는 것이었다. 웬디의 아이들은 해야 할 많은 일을 그녀에게 주었다. 웬디는 땅 위로 한 번도 나오지 못한 채 몇 주를 보냈다. 요리 때문에 웬디는 계속 냄비에 코를 박고 있었다. 웬디가 가장 좋아하는 바느질과 짜깁기 시간은 아이들이 모두 자러 간 후였다. p.102 그런 다음에 웬디는 자신만을 위한 숨 돌릴 시간을 갖곤 했다. 웬디는 대개 아이들을 위해 새로운 것들을 만들며 시간을 보냈다.

웬디는 또한 곧 애완용 늑대를 발견했다. 그들은 마치 서로를 평생 동안 알고 지낸 듯 행동했으며, 처음 만났을 때 그들은 서로의 품으로 달려들었다. 그 이후 그 늑대는 어디든 웬디를 따라다녔다.

부모님에 관해서라면, 웬디는 그들에 대해 진심으로 걱정하지는 않았다. 웬디는 부모님이 자신이 다시 날아서 돌아오도록 창문을 항상 열어둘 것이라고 절대적으로 확신했다. 이따금 웬디를 걱정시킨 것은 존이 부모님을 자신이 한때 알았던 사람들이라고만 막연하게 기억한다는 것이었다. 한편 마이클은 웬디가 정말로 자신의 엄마라고 아주 기꺼이 믿으려고 했다. p.103 이러한 일들은 웬디를 다소 겁나게 했으므로 그녀는 이따금 존과 마이클에게 시험을 치르게 해서 예전의 생활을 유념하게 해 주려고 애썼다.

피터는 종종 혼자 밖으로 나갔다. 피터가 돌아왔을 때는, 그가 모험을 하고 온 것인지 아닌지 절대적으로 확신할 수 있는 법이 한 번도 없었다. 피터는 모험에 대해 아주 완전히 잊어버려서 그에 관해 아무 말도 하지 않을지도 모르지만, 그런 다음 밖에 나가면 시체를 발견하기도 했다. 한편 피터가 어떤 모험에 대하여 상당히 자랑을 할지도 모르지만 시체를 발견하지 못하기도 했다. 때때로 피터는 머리에 피를 묻힌 채 집에 돌아왔고, 그러면 웬디는 따뜻한 물로 그의 머리를 씻겨 주었다.

피터의 모험을 묘사하려면 영어-라틴어, 라틴어-영어 사전만큼 커다란 책 한 권이 필요할 것이다. p.104 우리가 할 수 있는 최선의 일은 모험 하나를 섬에서의 평균적인 한 시간의 예로 드는 것이다. 슬라이틀리 협곡에서의 인디언들과의 전투를 돌이켜 보자. 그것은 유쾌한 사건이었다. 그것은 피터의 특이한 성격 중 하나를 보여 주었기 때문에 특히나 흥미로웠는데, 그 특성이란 것이 싸움 도중에 피터가 갑자기 편을 바꿀 것이라는 거였다.

협곡에서 승리가 여전히 어느 편으로도 결정 나지 않고 있을 때, 피터가 갑자기 "나는 오늘 인디언이다! 너는 뭐냐, 투틀즈?"라고 외쳤다. 그리고 투틀즈는 "인디언이다! 너는 뭐냐, 닙스?"라고 대답했고, 닙스는 "인디언이다! 너희는 뭐냐, 쌍둥이들아?"라고 말하는 식이었다. 불과 몇 초 후, 그들은 모두 인디언들이 되었다. 하지만 이것이 싸움을 끝내지는 않았다. 진짜 인디언들이 피터의 방식에 매료되어 모두 길 잃은 아이들이 되는 데 동의했기 때문이었다! 그래서 그들은 전보다 더 맹렬하게 계속해서 싸웠다.

p.105 우리는 아직 이것을 우리가 이야기하려는 모험으로 결정하지는 않았다. 어쩌면 더 좋은 것은 땅 밑의 집에 대한 인디언들의 야간 공격일지도 모른다. 인디언들 중 몇몇은 텅 빈 나무에 몸이 꼭 끼어 코르크처럼 빼내어져야 했다. 아니면 피터가 어떻게 언어의 석호에서 타이거 릴리의 목숨을 구하고 그녀의 동맹이 되었는지에 대해 말할 수 있을지도 모르겠다.

아니면 우리는 아이들이 먹고 죽을지도 모르게 하려고 해적들이 만든 케이크에 무슨 일이 일어났는지를 토론해 볼 수도 있다. 해적들은 잇따라 교묘한 장소에 케이크를 두었지만, 웬디는 언제나 그것을 아이들의 손에서 잡아채어 멀리 던져 버렸다. 시간이 지나면서 케이크는 수분이 다 빠지고 돌처럼 딱딱해졌다. p.106 결국 피터는 그것을 미사일로 사용했고, 후크는 어둠 속에서 그것에 걸려 넘어졌다.

아니면 피터의 친구인 새들, 특히 석호 위로 쑥 돌출해 있는 나무에 둥지를 튼 네버 새에 대해 말할 수도 있다. 어느 날 둥지가 물 위로 떨어졌고, 새는 자기 알들 위에 계속해서 앉아 있었다. 피터는 그 새가 방해를 받지 않도록 하라고 명령했다. 이 아름다운 이야기의 결말은 새가 어떻게 은혜를 갚을 수 있는지를 보여 준다. 하지만 그것을 이야기하려면 석호에서의 전체 모험을 이야기해야 한다. 그 이야기를 하면 물론 한 가지 모험만 이야기하는 것이 아니라 두 가지 모험을 이야기하게 되는 것일 것이다.

이 모험들 중 어느 것을 이야기할까? 가장 좋은 방법은 그것을 결정하기 위해 동전을 던져 보는 일일 것이다.

나는 동전을 던졌고, 석호가 이겼다.

인어의 석호

p.107 아이들은 종종 석호에서 인어들의 놀이를 하며 여름의 긴 낮 시간들을 보냈다. 민간의 믿음과는 반대로 인어들은 그다지 다정하지 않았다. p.108 웬디나 아이들이 인어들에게 가까이 가려고 할 때마다 그들은 잠수하여 헤엄쳐 가 버렸다.

인어들은 피터를 제외하면 모두에게 똑같은 방식으로 대했다. 피터는 종종 해적의 바위에서 인어들과 잡담을 나누었고, 그들이 까불면 그들의 꼬리를 깔고 앉았다. 피터는 심지어 웬디에게 인어들의 빗들 중 하나를 주기도 했다.

웬디는 아이들이 매일 점심 식사 후 해적 바위에서 30분 동안 휴식을 취해야 한다고 주장했다. 어느 날 그들이 바로 이렇게 휴식을 취하고 있을 때, 웬디를 제외한 그들 모두가 잠이 들었다. 웬디가 바느질을 하는 동안 변화의 기운이 석호를 덮쳤다. 태양이 사라지고 날씨가 추워졌다.

갑자기 피터가 잠이 완전히 깨어 벌떡 일어났다. 한 번의 경고의 외침으로 피터는 다른 아이들을 깨웠다.

"해적이다!" 피터가 외쳤다. "잠수해!" 다음 순간에 모든 아이들이 사라졌다.

곧 작은 배 한 척이 석호로 다가왔다. p.109 스미와 스타키, 그리고 포로인 제3자가 그 배에 타고 있었다. 그 포로는 다름 아닌 타이거 릴리였다. 그녀의 손과 발목은 묶여 있었다. 타이거 릴리는 조수가 밀려들면 익사하도록 바위 위에 남겨질 예정이었다.

바위와 아주 가깝지만 보이지 않는 곳에서, 두 개의 머리가 몰래 세 사람을 지켜보고 있었다. 그것은 피터와 웬디였다. 피터는 타이거 릴리를 구하기로 결심했다. 그것은 피터가 타이거 릴리에게 연민을 느꼈기 때문이 아니라 2대 1이라는 불공정한 싸움에 화가 났기 때문이었다.

피터가 할 수 없는 일은 거의 없었고, 이제 그는 후크의 목소리를 흉내 냈다.

"어이, 거기 풋내기 선원들!" 피터가 외쳤다. 피터는 정확히 후크와 똑같이 소리를 냈다.

p.110 "선장님이다!" 해적들이 놀라서 서로를 쳐다보며 소리쳤다.

"우리에게 헤엄쳐 오시는 것이 분명해." 스타키가 말했고, 그는 후크를 찾아보았으나 허사였다.

"저희는 인디언을 바위 위에 내려둘 거예요." 스미가 말했다.

"그 여자를 풀어 줘라." 후크의 무시무시한 목소리가 말했다.

"풀어 주라고요?"

"그렇다, 밧줄을 자르고 보내줘라."

"하지만 선장님……."

"당장, 내 말 들리지?" 피터가 소리쳤다. "아니면 내 갈고리를 네 놈들에게 박아줄 테다."

"이거 이상하다!" 스미가 헉 하고 숨을 내쉬었다.

"우리는 선장님이 명령하는 일을 해야 해." 스타키가 초조하게 말했다.

"그래, 그래." 스미가 말하고, 타이거 릴리의 밧줄을 잘랐다. 즉시 타이거 릴리는 물속으로 뛰어들었다.

피터는 막 수탉 울음소리를 내려 했으나 무언가가 피터를 놀라게 했다.

p.111 "어이 그 배!" 후크의 목소리가 말했다.

그것은 진짜 후크의 목소리였다. 후크 역시 물속에 있었다. 후크는 작은 배로 헤엄쳐 가서 배에 올라탔다.

피터는 귀 기울여 들어 보라고 웬디에게 신호했다.

두 해적은 무엇 때문에 선장이 자신들에게 왔는지 알고 싶어서 몹시 호기심이 생긴 듯 보였다. 하지만 후크는 아주 깊이 침울한 표정으로 자신의 갈고리로 머리를 받치고 앉았다.

"선장님, 어디 편찮으세요?" 그들이 주뼛거리며 물었다.

후크가 별 의미 없는 신음 소리를 내며 대답했다.

"한숨을 쉬시네." 스미가 말했다.

"또 한숨을 쉬시네." 스타키가 말했다.

마침내 후크가 말했다.

"게임은 끝났다." 후크가 말했다. "저 아이들이 엄마를 찾았어."

"오, 안 돼!" 스타키가 소리쳤다.

p.112 "엄마가 뭔데요?" 무식한 스미가 물었다.

후크가 석호 위에 떠다니는 둥지를 가리켰는데, 네버 새가 그 위에 앉아 있었다.

"봐라, 저것이 엄마다." 후크가 말했다. "둥지는 물속으로 떨어진 것이 분명하지만, 엄마가 자기 알들을 버리려고 하나? 아니다!"

"선장님." 스미가 말했다. "우리가 아이들의 엄마를 유괴해서 우리의 엄마로 만들 수 있을까요?"

"그거 아주 좋은 생각이다." 후크가 소리쳤고, 당장 그의 거대한 머릿속에 실질적인 윤곽이 잡혔다. "우리가 아이들을 잡아채서 그들을 배로 데려가는 거야. 그 녀석들을 눈을 가린 채 뱃전에 내민 널빤지 위를 걷게 하는 거지. 그러면 웬디는 우리 엄마가 될 거야." 갑자기 후크는 타이거 릴리 생각이 났다. "그 인디언은 어디 있나?"

후크는 이따금 웃기는 농담을 했고, 그들은 이것도 그런 순간들 중 하나라고 생각했다.

p.113 "그 일은 다 잘 되었습니다, 선장님." 스미가 미소를 지으며 대답했다. "그 여자를 풀어 줬어요."

"그 여자를 풀어 줘?" 후크가 소리쳤다.

"네, 선장님이 저희에게 풀어 주라고 하신 대로요." 스타키가 말했다.

"이 녀석들아." 후크의 얼굴이 분노로 시커메지며 말했다. "나는 그런 명령을 내린 적이 없다."

"그거 이상한데요." 스미가 어리둥절해하며 말했다.

후크는 화가 나서 주변을 둘러보았고 목소리를 높였다.

"오늘 밤 이 어두운 석호에 출몰하는 망령들아." 후크가 소리쳤다. "내 말 들리냐?"

물론 피터는 침묵을 지켰어야 했으나, 당연히 그렇게 하지 못했다. 피터는 즉시 후크의 목소리로 대답했다.

"들린다."

스미와 스타키는 두려워하며 서로를 꼭 껴안았다.

p.114 "너는 누구냐, 낯선 자여? 말해라!" 후크가 말했다.

"나는 제임스 후크다." 피터가 대답했다. "졸리 로저 호의 선장이지."

"너는 아니다." 후크가 쉰 소리로 소리쳤다. "자, 네가 진짜로 누구인지 말해 봐."

"좋아, 그럼." 피터가 소리쳤다. "나는 피터 팬이야."

후크가 스미와 스타키에게 몸을 돌렸고, 그들은 즉시 어떻게 해야 할지 알았다.

"이제 우리가 저 녀석을 잡는다." 후크가 물에 뛰어들기 직전에 소리쳤다. 그런 다음 흥분한 피터의 목소리가 들려왔다.

"준비되었니, 얘들아?" 피터가 말했다.

"그래, 그래." 석호의 여러 군데에서 목소리들이 대답했다.

"그러면 배 위의 해적들을 잡아라."

뒤이은 전투는 짧고 예리했다. 다른 사람을 피 흘리게 한 맨 처음 아이는 존이었는데, 그는 용감하게 배로 올라가 스타키를 잡았다. p.115 스타키는 배 밖으로 떨어졌고, 존이 그를 뒤따라 뛰어들었으며, 스미가 그 뒤를 이었다. 배는 떠내려갔다.

아이들이 스타키와 스미와 싸우고 있는 동안 피터는 보다 더 큰 사냥감을 뒤쫓느라 분주했다.

이상하게도 피터와 후크가 만난 것은 물속이 아니었다. 후크는 숨을 쉬려고 바위로 올라갔고, 그와 동시에 피터가 바위 반대편에 올라왔다. 바위는 미끄러워서 올라간다기보다는 기어올라야 했다. 아무도 상대방이 다가오고 있다는 것을 몰랐다. 각자는 잡을 것을 더듬다가 상대방의 팔에 부딪혔다. 그들은 놀라서 고개를 들었고, 얼굴이 거의 닿을 뻔했는데, 그렇게 그들은 만났다.

p.116 자신이 자기 적보다 바위에서 더 높은 곳에 있다는 것을 발견했을 때, 피터는 재빨리 후크의 허리띠에서 칼을 낚아채어 막 그의 심장을 찌르려고 했다. 피터는 후크를 공명정대하게 무찌르고 싶었다. 피터는 후크가 올라오도록 도와주려고 해적에게 손을 내밀었다.

후크가 피터를 깨문 것이 바로 그때였다.

이러한 조처의 부당함에 피터는 멍해졌다. 피터가 할 수 있는 전부는 그냥 속수무책으로 노려보는 것뿐이었다. 후크는 쇠갈고리 손으로 피터를 두 번 할퀴었다.

잠시 후, 다른 아이들은 후크가 물속에서 배를 향해 미친 듯이 세차게 물장구를 치는 것을 보았다. 후크의 얼굴에는 두려움뿐이었는데, 악어가 그를 쫓고 있기 때문이었다. 아이들은 피터와 웬디를 찾아 그들의 이름을 부르며 석호를 샅샅이 뒤지기 시작했다. 대답은 없었다. "피터와 웬디가 헤엄쳐 돌아가고 있거나 날아서 오고 있는 것이 분명해."라고 아이들은 결론지었다. 아이들은 그다지 걱정하지 않았는데, 피터에게 그만한 믿음이 있기 때문이었다.

p.117 아이들이 사라졌을 때, 피터는 웬디를 바위 위로 끌어올리고 있었다. 웬디는 기절한 상태였고 이제 피터는 그녀 옆에 드러누웠다. 피터는 웬디를 살살 흔들었고 그녀는 의식을 회복했다.

"우리는 바위 위에 있어, 웬디." 피터가 말했다. "하지만 바위 면적이 점점 작아지고 있어. 머지않아 물이 바위 위로 차오를 거야."

"우리는 가야 해." 웬디가 말했다.

"그래. 하지만 나는 너를 도와줄 수가 없어, 웬디. 후크가 나에게 상처를 입혔어. 나는 날 수도 없고 헤엄치지도 못해."

"그러면 우리 익사하는 거야?"

바로 그때 무엇인가가 피터를 스치고 지나갔다. 그것은 연의 꼬리였는데, 마이클이 며칠 전에 만든 것이었다. 그것은 마이클의 손에서 벗어나 떠다녔다.

p.118 "마이클의 연이다." 피터가 연 꼬리를 잡으며 말했다. "그 연은 마이클을 땅에서 들어 올렸어. 연이 너를 데려가 줄 수 있을 거야."

"우리 둘 다지!"

"연이 두 사람을 들어 올리지는 못해. 마이클과 컬리가 시도해 봤어."

다른 말은 없이, 피터는 연 꼬리를 웬디 몸에 둘러 묶었다. 웬디는 피터

없이 가기를 거부했지만, "안녕, 웬디."라는 말과 함께 피터는 웬디를 바위에서 밀었다. 잠시 후 웬디는 피터의 시야에서 사라졌다.

피터는 바위 위에 혼자 누워 있는 동안 난생 처음으로 두려움을 느꼈다. 하지만 머지않아 피터는 얼굴에 미소를 짓고 몸 안에서 북을 쿵쿵 울리면서 일어나 똑바로 섰다. 그것은 "죽는 것은 지독히 대단한 모험일 거야."라고 말하고 있었다.

네버 새

p.119 피터의 발치를 야금야금 먹어 들어갈 때까지 천천히 호수가 차올랐다. 물이 마지막 한입을 꿀꺽 삼킬 때까지 시간을 보내기 위하여 피터는 석호 위에 있는 유일한 것을 지켜보았다. 그것은 네버 새였다. 네버 새는 피터에게 도달하려고 필사적으로 애를 쓰며 여전히 자신의 둥지에 앉아 있었다. p.120 날갯짓을 함으로써, 새는 어느 정도 자신의 이상한 선박의 방향을 잡을 수 있었다. 새는 피터를 구하려고, 안에 알들이 있음에도 불구하고 자신의 둥지를 내주기 위해 온 것이었다.

"나는…… 네가…… 이…… 둥지에…… 올라타기를…… 바라." 새가 가능한 한 느릿느릿 말하며 왔다. "그러면…… 너는 물가로…… 표류할…… 수…… 있어. 하지만…… 나는…… 너무…… 지쳐서…… 둥지를…… 더…… 가까이…… 가져갈…… 수…… 없으니까…… 네가…… 둥지 쪽으로…… 헤엄쳐 오도록…… 해야…… 해."

얼마간 노력을 하여 피터는 알아들었다. 피터는 둥지를 꽉 잡고 머리 위에서 날개를 퍼덕거리며 나는 새에게 손을 흔들었다.

두 개의 커다란 흰 알이 있었고, 피터는 그것들을 주워들고 곰곰이 생각했다. 피터는 주변을 둘러보다가 바위 위에서 스타키의 모자를 발견했다. 피터는 이 모자에 알들을 넣고 그것을 석호에 띄웠다. 모자는 힘들이지 않고 둥둥 떠다녔다.

네버 새는 피터가 무엇을 하려는지 보고 고마워서 소리를 질렀다. 그때 피터가 둥지에 올라탔고, 그 안에 막대기를 돛대로 세우고, 자신의 셔츠를 돛으로 매달았다. p.121 동시에 네버 새는 모자 위로 날개를 펄럭이며 내려가서 다시한번 알을 품었다. 네버 새는 한 방향으로 표류했고, 피터는 반대 방향으로 표류했으며, 둘 다 서로를 응원했다.

물론 상륙했을 때, 피터는 새가 둥지를 쉽게 찾을 바닷가 안전한 장소에 둥지를 가져왔다.

피터가 웬디와 거의 동시에 땅 밑의 집에 도착했을 때 환영의 기쁨은 대단했다. 웬디는 연에 이끌려 그곳에 도착한 참이었다.

웬디는 아이들이 모두 무사히 집으로 돌아와서 기뻤지만, 잘 시간이 너무 늦어지고 있다고 생각했다.

"침대로, 침대로!" 웬디는 엄하게 소리쳤다.

행복한 집

p.122 석호에서의 사건은 인디언들을 그들의 친구로 만들어 주었다. 피터는 타이거 릴리를 끔찍한 운명에서 구해 주었고, 이제 그녀와 그녀의 친구들이 피터를 위해 하지 못할 일은 없었다. 밤새 그들은 땅 위에 앉아 땅 밑의 집을 계속해서 망보아 주었다. 심지어 낮에도 그들은 평화의 담배를 피며 어슬렁거렸다.

p.123 인디언들은 피터를 위대한 백인 아버지라고 불렀다. 피터는 이를 굉장히 좋아했으나, 그것이 피터에게는 그리 유익하지 않았다.

"위대한 백인 아버지는 피카니니 전사들이 해적으로부터 그의 부하들을 지켜주는 것을 보고 기뻐한다." 피터는 아주 거만하고 으스대는 태도로 인디언들에게 말하곤 했다.

"나는 타이거 릴리다." 그 예쁜 창조물은 대답하곤 했다. "피터 팬은 나를 구해 주었다. 나는 그의 친구다. 나는 해적들이 피터 팬을 해치게 두지 않을 것이다."

인디언들은 다른 아이들에게는 결코 경의를 표하지 않았다. 그들은 다른 아이들을 그냥 평범한 용사로 생각했다. 아이들을 짜증나게 한 것은 피터가 이것을 괜찮다고 생각하는 듯하다는 것이었다.

p.124 남몰래 웬디는 아이들을 약간 동정했으나, 그녀는 너무나도 충실한 주부여서 아빠의 뜻을 거스르는 어떠한 불만도 들어주지 않았다. 자신의 진짜 의견이 무엇이었든 간에 "아빠가 가장 잘 아신단다."라고 웬디는 말하곤 했다.

이제 우리는 그들 사이에서 밤중의 밤이라고 알려지게 된 저녁에 이르렀다. 그날은 폭풍 전의 고요함처럼 거의 특별한 일이라곤 없었다. 이제 인디언들은 땅 위에서 자신이 맡은 자리에 있었고, 반면에 땅 밑에서는 아이들이 저녁 식사를 하고 있었다. 피터를 제외하면 모두가 그곳에 있었는데, 그는 시간을 알아보러 밖에 나가 있었다. 네버랜드에서 시간을 알아보는 방법은 악어를 찾아간 다음 시계가 울릴 때까지 악어 근처에 머무는 것이었다.

식사 후 웬디는 앉아서 바느질을 했고, 아이들은 웬디 주변에서 놀았다. 그들의 행복한 얼굴들은 난롯가의 낭만적인 불빛으로 환하게 밝혀졌다. 이것은 땅 밑의 집에서는 아주 낯익은 광경이 되어 있었지만, 우리는 마지막으로 그 광경을 바라보고 있다.

p.125 위에서 발소리가 났다. 웬디는 그 소리를 맨 먼저 들은 사람이었다.

"얘들아, 아빠가 돌아오셨다." 웬디가 말했다. "문가로 가서 아빠를 맞으렴."

땅 위에서는 인디언들이 피터에게 절을 했다.

"쉬게, 용사들이여." 거만한 아이가 말했다.

피터는 웬디를 위해 정확한 시간을 알아 왔을 뿐만 아니라 아이들을 위해서 견과들도 가지고 왔다.

"피터, 당신은 아이들을 너무 많이 버릇없게 만들고 있어요. 다 알면서 그래요." 웬디가 미소를 지으며 말했다.

"아, 잔소리꾼." 피터가 총을 걸며 대답했다.

"엄마들이 잔소리꾼이라고 불린다고 피터에게 말해 준 사람은 바로 나였어." 마이클이 컬리에게 속삭였다.

p.126 쌍둥이 중 맏이가 피터에게 다가갔다.

"아빠, 우리는 춤추고 싶어요." 쌍둥이 중 맏이가 말했다.

"저리 가서 추거라, 애야." 피터가 말했다.

"우리는 아빠도 우리와 같이 춤추시기를 원해요."

피터는 그들 중 가장 뛰어난 춤꾼이었지만 놀란 척했다.

"하지만 내 오래된 뼈들이 삐걱거릴 텐데!" 피터가 소리쳤다.

"그리고 엄마도." 쌍둥이 중 동생이 말했다.

"맞아요! 어쨌거나 토요일 밤이잖아요!" 슬라이틀리가 덧붙였다.

실제로는 토요일 밤이 아니었다. 아이들은 날짜 세는 것을 잊은 지 오래였다. 무언가 특별한 것을 하고 싶을 때마다 아이들은 토요일 밤이라고 말했다.

"알았어." 피터가 말했다. "하지만 너희들 모두 먼저 잠옷을 입어야 해."

그렇게 그들은 춤을 춰도 된다는 말을 들었지만, 먼저 잠옷을 입어야 했다.

"나는 그냥 생각하는 중이었어." 피터가 웬디에게 속삭였다. p.127 "그냥 그러는 척하는 것뿐이잖아, 그렇지 않아, 내가 저 아이들의 아빠라는 것 말이야?"

"오, 그렇지." 웬디가 말했다.

"나는 너무 어려서 저 아이들의 진짜 아빠가 될 수 없어, 그렇지 않아?"

"하지만 저 아이들은 우리 아이들이야, 피터, 너와 나의 아이들."

"하지만 진짜 우리 아이들은 아니야, 맞지?" 피터가 걱정스럽게 물었다.

"네가 아이들이 그러기를 원하지 않는다면 그렇지." 웬디가 대답했다. 웬디는 피터가 내쉬는 안도의 한숨 소리를 분명하게 들었다. "피터." 웬디가 과단성 있어지려고 애쓰며 물었다. "나에 대한 너의 정확한 감정은 뭐니?"

"헌신적인 아들의 감정이지, 물론."

"그럴 줄 알았어." 웬디가 말했다. 웬디는 방의 반대편 구석에 가서 혼자 앉았다.

"너는 아주 이상하구나." 피터가 어리둥절한 표정으로 말했다. "타이거 릴리도 너랑 아주 똑같아. p.128 타이거 릴리는 나에게 무언가가 되고 싶어 하지만, 그것이 나의 엄마가 되는 것은 아니라고 하더라."

"아니지, 절대로 그것은 아니야." 웬디가 대답했다.

바로 그때 아이들이 옷을 갈아입고 돌아왔으며 임박한 재난에 대해서는 까맣게 모른 채 행복한 시간을 더 가졌다. 그것이 섬에서의 마지막 시간이 될 터였기 때문에 그 시간 안에 행복한 60분이 있었다는 것을 기뻐하도록 하자. 그리고 나서 마침내 그들은 모두 웬디가 잠자기 전에 들려주는 이야기를 들으려고 침대로 들어갔다. 그것은 그들이 가장 좋아하는 이야기였으나, 피터는 그것을 몹시 싫어했다. 대개 웬디가 이 이야기를 시작하면 피터는 방을 떠나거나 양손으로 귀를 막았다. 만약 피터가 이번에도 그 두 가지 일들 중 하나를 했더라면 그들은 모두 아직도 섬에 있을지도 모른다. 하지만 오늘 밤 피터는 자신의 의자에 그대로 있었다.

웬디의 이야기

p.129 "그럼, 잘 들어." 이야기를 시작하며 웬디가 말했다. 마이클은 웬디의 발치에 있었고, 일곱 명의 아이들은 침대에 있었다. "옛날에 한 신사가 있었단다……."

p.130 "그 신사가 차라리 숙녀였다면 좋을 텐데." 컬리가 말했다.

"그 신사가 차라리 작은 쥐였으면 좋을 텐데." 닙스가 말했다.

"조용히." 그들의 엄마가 말했다. "숙녀도 있었어. 그리고……."

"오, 엄마." 쌍둥이 중 맏이가 말했다. "숙녀도 있다는 말이죠, 그렇지 않나요? 숙녀는 죽은 게 아니에요, 그렇죠?"

"오, 아니야."

"숙녀가 죽지 않아서 기뻐요." 투틀즈가 말했다. "기쁘지 않니, 존?"

"기뻐."

"너도 기쁘니, 닙스?"

"물론 기쁘지."

"너희도 기쁘니, 쌍둥이들?"

"응."

"오, 얘들아." 웬디가 한숨을 쉬었다.

"조용히 해." 피터가 소리를 질렀다.

"그 신사의 이름은 달링 씨였어." 웬디가 말을 이었다. "그 숙녀의 이름은 달링 부인이었지."

p.131 "나는 그 사람들을 알아." 존이 말했다.

"나도 그 사람들을 아는 것 같아." 마이클이 다소 확신을 하지 못하며 말했다.

"알다시피 그들은 결혼을 했단다." 웬디가 말했다. "그리고 그들이 무엇을 가지고 있었다고 생각하니?"

"작은 쥐들이요!" 닙스가 소리쳤다.

"아니야."

"헷갈리네." 투틀즈가 말했는데, 그는 실제로는 그 이야기를 외워서 다 알고 있었다.

"조용히 해라, 투틀즈. 그들에게는 세 명의 자손들이 있었단다."

"자손이 뭐예요?"

"음, 너도 한 명의 자손이란다. 쌍둥이야."

"저 이야기 들었어? 내가 자손이래."

"자손이란 아이들이야." 존이 말했다.

"오, 얘들아, 오, 얘들아." 웬디가 한숨을 쉬었다. "자, 이들 세 아이들에게는 나나라고 불리는 충실한 보모가 있었단다. p.132 어느 날 달링 씨는 나나에게 화가 나서 나나를 마당에 쇠사슬로 묶어 두었어. 그래서 아이들은 모두 날아가 버렸단다."

"정말 근사한 이야기야." 닙스가 말했다.

"그들은 네버랜드로 날아갔는데, 그곳은 길 잃은 아이들이 사는 곳이지." 웬디가 말을 이었다.

"웬디 엄마." 투틀즈가 소리쳤다. "길 잃은 아이들 중 한 명이 투틀즈라고 불렸나요?"

"그래, 그렇단다."

"내가 이야기 속에 있네."

"쉿. 이제 나는 너희가 자식들이 날아가 버린 불행한 부모들의 기분을 상상해 보기를 바라."

"우!" 그들은 모두 신음했다. 비록 실제로는 그 불행한 부모들의 기분을 전혀 생각하지 않았지만 말이다.

"텅 빈 침대를 생각해 봐!"

"우!"

"자." 웬디가 흐뭇한 듯이 말했다. "우리의 여주인공은 엄마가 자기 자식들이 날아서 돌아오도록 언제나 창문을 열어둘 것이라는 것을 알았단다. p.133 그래서 아이들은 몇 년 동안 집에서 떨어져 있었고 즐거운 시간을 보냈지."

"그 아이들이 부모에게 돌아갔나요?"

"미래를 들여다보자." 웬디가 말했다. "몇 년이 지났어. 그런데 런던역에 내리고 있는 우아한 이 숙녀는 누구일까?"

"오, 웬디 엄마, 그게 누구예요?" 여전히 그 이야기를 모른 체하며 닙스가 소리쳤다.

"그것은 아름다운 웬디야!" 슬라이틀리가 소리쳤다.

"그래, 맞아!" 웬디가 말했다.

"오!"

"그리고 웬디와 동행한 두 명의 당당한 남자들은 누구일까? 그들이 존과 마이클일까? 그렇단다!"

"오!"

p.134 피터가 별 의미 없는 신음 소리를 냈다.

"왜 그래, 피터?" 웬디가 피터에게 달려가며 소리쳤다. 웬디는 피터의 가슴을 만져 보았다. "어디가 아프니, 피터?"

"그런 종류의 고통이 아니야." 피터가 침울하게 말했다.

"그럼 어떤 종류인데?"

"웬디, 엄마들에 관해서는 네가 틀렸어."

아이들이 모두 피터 주변에 모였다.

"오래 전에, 나는 너처럼 나의 엄마가 나를 위해 언제나 창문을 열어 두고 계실 거라고 생각했어." 피터가 말했다. "그래서 나는 오래오래 집을 떠나 있다가 돌아갔지. 하지만 창문은 빗장이 질러져 있었어. 나의 엄마는 나에 관해서는 모조리 잊으셨던 거야. 다른 어린아이가 내 침대에 자고 있었단다."

이것이 사실인지 나는 모르지만, 피터는 그렇다고 생각했다.

"모든 엄마들이 그와 똑같을 것이라고 확신해?" 아이들 중 한 명이 물었다.

"응."

p.135 "웬디 누나, 집에 가자." 존과 마이클이 함께 소리쳤다.

"그래." 웬디가 존과 마이클을 꼭 붙잡으며 말했다.

"오늘 밤에?" 길 잃은 아이들이 당혹하여 물었다.

"지금 즉시." 웬디가 결연하게 대답했다. 피터가 말한 것이 웬디를 겁주었던 것이다. "피터, 필요한 준비를 해 줄래?"

"원한다면." 피터가 대답했다.

피터는 인디언들과 함께 웬디의 출발을 준비하러 땅 위로 올라갔다. 인디언들에게 필요한 지시를 해 두고 피터는 집으로 돌아왔다. 피터가 없는 동안 용납되지 못할 장면이 벌어진 상태였다. 웬디를 잃는다는 생각에 공황 상태에 빠진 길 잃은 아이들이 위협적으로 행동하기 시작했던 것이었다.

p.136 "우리는 웬디가 가게 두지 않을 테야!" 아이들이 소리쳤다.

"웬디를 죄수로 가둬 두자."

"그래, 웬디를 쇠사슬로 묶어."

웬디는 누구에게 몸을 돌려야 할지 알았다.

"투틀즈." 웬디가 소리쳤다. "제발 도와줘."

이상하게도 웬디는 아이들 중 가장 어리석은 투틀즈에게 애원했다.

그러나 투틀즈는 당당하게 대답했다. 그 한 순간 투틀즈는 자신의 우둔함을 버리고 위엄 있게 말했다.

"나는 그저 투틀즈일 뿐이고, 아무도 내 말을 듣지 않아." 투틀즈가 말했다. "하지만 내가 지금 너희들에게 말하겠는데, 웬디에게 영국 신사처럼 행동하지 않는 맨 처음 사람을 내가 심하게 피투성이가 되게 해 주겠어."

투틀즈는 자신의 단도를 뺐다. 다른 아이들은 불안해하며 물러났다. 그때 피터가 돌아왔고, 그들은 즉시 피터로부터 어떠한 지지도 구하지 못할 것임을 깨달았다. 피터는 어떤 여자도 자기 의지에 반하여 네버랜드에 결코 두지 않을 터였다.

p.137 "웬디." 피터가 말했다. "비행은 너를 피곤하게 할 테니까 내가 인디언들에게 네가 숲 속을 통과하도록 안내해 달라고 부탁했어."

"고마워, 피터."

"그런 다음 팅커 벨이 너를 바다 건너편으로 데려가 줄 거야." 피터는 계속 말했다. "팅크를 깨워, 닙스."

닙스는 대답을 듣기 전에 문을 두 번 두드려야 했다.

"누구냐? 저리 꺼져." 팅크가 소리쳤다.

"일어나, 팅크." 닙스가 말했다. "너는 웬디가 여행하게 데려다 줘야 해."

팅크는 웬디가 갈 거라는 것이 기뻤지만, 그녀의 안내원이 되지 않기로 결심했다. 팅크는 다시 잠든 척했다.

"팅크." 피터가 엄하게 말했다. "당장 일어나지 않으면 커튼을 열겠어. 그러면 우리 모두 네가 잠옷 입은 모습을 보게 될 거야."

p.138 이 말은 팅크가 바닥으로 뛰어내리게 만들었다. "내가 안 일어날 거라고 누가 그래?" 팅크가 소리쳤다.

그러는 동안 아이들은 웬디를 응시하고 있었다. 웬디는 이미 존과 마이클과 함께 여행할 준비가 되어 있었다.

"사랑하는 아이들아." 웬디가 말했다. "만약 나와 함께 가고 싶다면, 내가 우리 아빠와 엄마가 너희들을 입양하게 할 수 있다고 나는 거의 확신해."

웬디는 다른 누구보다도 피터가 가기를 원했지만, 아이들은 모두 오로지 자기 생각만 하며 기뻐서 날뛰었다.

"피터, 우리가 가도 돼?" 아이들이 동시에 소리쳤다. 그들은 모두 피터도 자기들과 함께 갈 것이라고 생각했다. 하지만 그들 중 누구도 피터가 원하는 것을 진정으로 신경 쓰지는 않았다.

"그래." 피터가 씁쓸한 미소를 지으며 말했다. 그들은 즉시 자신들의 물건을 가지러 달려갔다.

"그럼 이제 피터." 웬디가 말했다. "가서 네 물건들을 챙겨."

p.139 "아니." 피터가 대답했다. "나는 너와 같이 가지 않을 거야, 웬디."

"하지만 피터……"

"나는 안 간다니까."

다른 아이들은 즉시 그 말을 들었다.

"피터는 가지 않을 거래."

아이들은 멍하니 피터를 바라보았다.

"너희가 엄마들을 찾는다면, 나는 너희가 엄마들을 좋아하게 되기를 바라." 피터가 침울하게 말했다. "그럼 이제 요란 떨지 말자. 잘 가, 웬디."

피터는 자신에게는 무언가 해야 할 중요한 일이 있기 때문에 마치 그들이 이제는 정말로 가야 한다는 듯 유쾌하게 자신의 손을 내밀었다.

"바지 갈아입는 것 기억할 거지, 피터?" 웬디가 피터의 손을 잡으며 말했다.

p.140 "그래."

"그리고 아프면 약 먹겠다고 약속할 거지?"

"그래."

어색한 침묵이 이어졌다.

"준비되었니, 팅커 벨?" 피터가 말했다.

"그래, 그래."

"그럼 저 아이들을 데려다 줘."

팅크는 가장 가까운 나무 위로 짤짤거리며 날아갔다. 아무도 팅크를 따라가지 않았는데, 바로 이때 해적들이 인디언들을 공격했기 때문이었다. 땅 위에서 비명 소리와 강철이 쨍그랑 부딪치는 소리가 들려왔다. 땅 밑에는 무시무시한 정적이 흘렀다. 웬디는 털썩 주저앉았지만, 팔은 피터를 향해 뻗어 있었다. 사실 모든 팔들이 피터에게 뻗쳐 있었다. 그들은 피터에게 자신들을 버리지 말라고 조용히 간청하고 있었다. 피터로 말하자면, 그는 즉시 자신의 칼을 잡았고, 강한 전투 욕망이 눈에 서렸다.

아이들을 데려가다

p.141 해적들의 공격은 완전한 기습이었다. 뒤이어 일어난 일은 싸움이라기보다는 학살이었다. 대부분의 피카니니 용사들이 죽었으나 그들은 해적들 중 몇몇의 목숨을 확실히 앗아갔다. 하지만 무시무시한 팬서는 타이거 릴리와 부족의 얼마 안 되는 나머지 인원들과 함께 해적들을 뚫고 가까스로 길을 내었다.

p.142 후크에게는 밤일이 아직 끝나지 않았다. 후크가 죽이려고 온 것은 인디언들이 아니었다. 그가 원한 것은 피터 팬이었다. 그러니까 팬과 웬디와 그들 일당이었지만, 주로 팬이었다. 이제 문제는 어떻게 나무로 내려가느냐 하는 것이었다. 후크는 가장 마른 부하들을 찾으며 으스스한 눈으로 부하들을 훑어보았다.

한편 아이들은 어느 편이 이겼을지 궁금해 하고 있었다. 해적들은 나무에 난 입구에 탐욕스럽게 귀를 기울이고 아이들이 자꾸만 이러한 질문을 하는 것을 들었다. 그리고 맙소사, 그들은 피터의 대답을 들었다.

"만약 인디언들이 이겼다면 그들은 톰톰을 두드릴 거야." 피터가 말했다. "그것이 인디언들의 승리 신호야."

스미가 주변을 둘러보고 톰톰을 찾아냈다.

p.143 "너희는 다시는 톰톰 소리를 듣지 못할 거야." 스미가 조용히 중얼거렸다. 하지만 놀랍게도 후크는 스미에게 톰톰을 두드리라고 신호했다. 스미는 곧 그 명령의 무시무시한 사악함을 이해했다. 이 단순한 사람은 후크에게 그렇게 감탄한 적이 없었다.

스미는 그 악기를 두 번 두드렸고, 그런 다음 멈추고 기쁜 마음으로 귀를 기울였다.

"톰톰 소리다!" 악당들은 피터가 외치는 것을 들었다. "인디언의 승리다!"

아이들은 땅 위에 있는 사악한 사람들에게는 음악이었던 환호로 대답했다. 거의 즉시 아이들은 피터에게 작별 인사를 반복했다. 이는 해적들을 당황시켰으나, 그들은 그것에 대해 곰곰이 생각하지 않았다. 그들은 자기 적들의 임박한 운명에 대해 흥분해서 제정신이 아니었다. p.144 해적들은 서로를 보며 능글능글하게 웃고 자신들의 손을 비볐다. 재빠르고 조용하게 후크는 명령을 내렸다. 즉, 한 사람이 나무 하나씩, 그리고 다른 사람들은 2야드씩 떨어져서 정렬하라는 것이었다.

요정을 믿니?

p.145 자신의 나무에서 가장 먼저 나타난 아이는 컬리였다. 컬리는 나무에서 불쑥 나와 세코의 품에 안겼고, 세코는 그를 스미에게 던졌고, 스미는 그를 스타키에게 던졌고, 스타키는 그를 빌 주크스에게 던졌고, 빌 주크스는 그를 누들러에게 던졌다. 그렇게 컬리는 이 사람에게서 저 사람에게로 던져져 마침내 후크의 발치에 떨어졌다. p.146 나머지 아이들은 이러한 무자비한 방식으로 나무에서 홱 잡아당겨졌다.

가장 나중에 나온 웬디는 다르게 다루어졌다. 아이러니한 정중함으로 후크는 웬디에게 자신의 모자를 들어 올려 인사했다. 후크는 웬디에게 자신의 팔을 내밀어 그녀를 다른 아이들이 재갈이 물려 있는 장소까지 곁에서 에스코트했다. 후크가 그러한 태도로 그렇게 행동했으므로 웬디는 살려 달라고 소리치지도 못할 정도로 너무나 매료되었다. 어쨌든 웬디는 어린 소녀일 뿐이었다.

아이들은 날아가지 못하게 묶여 있었다. 흑인 해적이 아이들을 묶으려고 밧줄을 아홉 조각으로 균등하게 잘라놓았던 것이었다. 슬라이틀리의 차례가 오기 전까지는 모든 것이 순조로웠다. 슬라이틀리는 너무 몸집이 커서 그 밧줄로는 묶이지 않는다는 것이 밝혀졌다. 후크는 슬라이틀리가 초조하게 벌벌 떨고 있는 것을 보았다. 곧 후크는 그 아이의 걱정 뒤에는 이유가 있는 것이 분명하다는 것을 깨달았다. 그리고 그 이유는 이렇다. 슬라이틀리는 더울 때마다 물을 많이 마셔서 몸집이 커졌다. p.147 그리고 슬라이틀리는 나무에 맞게 살을 빼는 대신 자기 몸에 맞게 나무의 구멍을 잘라 놓은 것이었다! 후크는 곧 슬라이틀리의 나무 구멍이 성인에게도 맞을 만큼 큰 것이 분명하다는 것을 파악했다. 사악한 능글맞은 웃음이 후크의 얼굴에 떠올랐다.

후크는 조용히 자기 부하들에게 포로들을 배로 데려가라고 말했다. 후크는 혼자 남겨질 예정이었다.

아이들은 작은 집으로 던져졌다. 네 명의 뚱뚱한 해적들이 그 집을 어깨에 짊어졌다. 해적들은 악의로 가득한 해적 합창곡을 불렀고, 그 이상한 행렬은 숲 속으로 출발했다.

밤사이 후크가 한 첫 번째 일은 자신에게 공간을 충분히 제공하는지 확인하려고 슬라이틀리의 나무를 향해 발끝으로 살금살금 다가가는 것이었다. p.148 그런 다음 한동안 조용히 생각하며 그대로 있었다. 피터 팬은 잠이 들어 있었을까, 아니면 자신의 단도를 손에 쥐고 슬라이틀리의 나무 밑동에서 기다리고 있었을까?

후크는 땅에 자신의 망토를 스르르 내려놓고 나무 안으로 들어갔다. 후크는 용감한 사람이었지만, 잠시 그곳에 멈춰 서서 자신의 이마를 훔쳐야 했다. 그런 다음 조용히, 후크는 미지의 세계로 들어갔다.

후크는 통로의 밑바닥에 도착했고 다시 가만히 섰다. 눈이 어두침침한 불빛에 익숙해지자마자 후크는 피터를 찾다가 커다란 침대를 발견했다. 침대에는 피터가 곤히 잠들어 있었다.

땅 위에서 벌어지는 비극은 알지도 못한 채 피터는 계속해서 자신의 피리를 계속해서 흥겹게 불었다. 이는 자신은 신경 쓰지 않는다는 것을 스스로에게 입증하려는 꽤 애처로운 시도였다. p.149 그런 다음 피터는 웬디에게 반항하기 위하여 이불 밖에 누웠다. 웬디는 언제나 그들을 이불 속으로 밀어 넣었다. 그때 피터는 거의 울 뻔했으나, 그 대신 자신이 웃는다면 웬디가 얼마나 화가 날지 깨달았다. 그래서 웃고 또 웃다가 마침내 잠이 들었다.

후크는 이제 방을 가로질러 자신의 적을 바라보며 침대 발치에 서 있었다. 연민의 감정이 후크의 마음을 조금도 어지럽히지 않았을까? 그 남자가 완전히 사악한 것은 아니었다. 후크는 꽃과 감미로운 음악을 사랑했다. 그러한 광경의 아름다운 본질은 후크를 깊이 휘저었다. 침대 위의 아이가 다른 누군가였더라면, 후크는 마지못해 나무 위로 도로 올라갔을 것이었다. 그러나 그 아이는 피터 팬이었다. p.150 후크를 화나게 한 것은 자고 있을 때의 피터의 건방진 모습이었다. 후크는 어떠한 자비심도 느끼지 못했다.

비록 등불 하나에서 나오는 빛이 침대 위를 어두침침하게 비추었지만, 후크는 어둠 속에 서 있었다. 후크와 그의 적 사이에는 한 가지 장애물이 있었다. 그것은 탁자로 사용되는 슬라이틀리의 나무 문이었다. 그 위로 걷다가는 피터 팬을 깨울지도 몰랐다. 그때 후크는 주변을 둘러보고 쉽게 손이 닿는 선반 위에 세워져 있는 피터의 약을 보았다.

그런데 후크는 산 채로 잡히지 않으려고 무시무시한 약을 항상 몸에 지니고 다녔다. 그 약은 자신의 수중에 들어온 모든 치명적인 독으로 손수 섞은 것이었다. 후크는 그것들을 끓여 노란 액체로 만들었는데, 그것은 아마도 존재하는 가장 치명적인 독이었을 것이다.

이제 후크는 그 치명적인 독을 피터의 컵에 다섯 방울 더했다. p.151 그런 다음 자신의 희생자에게 한 번의 길고 득의양양한 시선을 던지고 어렵게 나무 위로 꿈틀꿈틀 기어 올라갔다.

피터는 계속 잤다. 피터가 자기도 모르는 무언가에 의해 깨어 갑자기 침대에서 벌떡 일어나 앉은 것은 악어의 시계로 약 열 시쯤이었음이 틀림없을 것이었다. 그것은 피터의 집의 나무 문을 조심스럽게 살살 두드리는 소리였다.

피터는 더듬거려 자신의 단도의 감촉을 느끼고 그것을 붙잡았다.

"누구야?" 피터가 물었다.

대답이 없었다. 그때 다시 문을 두드리는 소리가 났다.

"누구야?"

여전히 대답이 없었다.

p.152 "네가 말 안 하면 나는 안 열 거야." 피터가 말했다.

그러자 마침내 방문자가 사랑스럽고 종소리를 닮은 목소리로 말했다.

"들여보내 줘, 피터."

그것은 팅커 벨이었고, 재빨리 피터는 문을 열었다. 팅커 벨은 흥분해서 날아들었는데, 그녀의 얼굴은 붉어져 있었고 그녀의 옷은 진흙으로 얼룩져 있었다.

"무슨 일이야?"

"오, 너는 짐작도 못할 거야!" 팅크가 소리쳤다. 그리고 피터에게 웬디와 아이들이 포로가 된 것에 대해 말해 주었다.

"내가 가서 웬디를 구할 거야!" 무기를 붙잡으며 피터가 소리쳤다. 그렇게 하면서, 피터는 가엾은 웬디를 기쁘게 하기 위해 자신이 할 수 있는 무엇인가에 대해 생각했다. 피터는 자신의 약을 먹기로 결정했다.

피터의 손이 치명적인 약을 붙잡았다.

"안 돼!" 팅커 벨은 비명을 질렀는데, 팅크는 후크가 숲을 급히 지나갈 때 자신이 한 일에 대해 중얼거리는 것을 들었던 것이었다.

p.153 "왜 안 돼?" 피터가 말했다.

"그것에는 독이 들었어."

"독이 들었다고? 누가 그것에 독을 넣을 수 있었지?"

"후크야."

"웃기지 마. 어떻게 후크가 여기로 내려올 수 있었는데?"

맙소사, 팅커 벨은 대답할 말이 없었다. 팅크는 슬라이틀리의 나무의 어두운 비밀을 알지 못했기 때문이었다. 그럼에도 불구하고, 팅커 벨은 약에 독이 들었다는 것을 확신했다.

피터는 컵을 집어 들었다. 그때 번개 같은 동작으로 팅커 벨이 피터의 입술과 약 사이로 들어가서 그것을 모조리 마셔 버렸다.

"팅크, 어떻게 감히 내 약을 마시는 거야?"

p.154 팅크는 피터에게 대답할 수 없었다. 팅크는 이미 공중에서 비틀거리고 있었다.

"왜 그래?" 피터가 소리쳤다.

"그 약에는 독이 들어 있었어, 피터." 팅크가 조용하게 말했다. "이제 나는 죽을 거야."

"오, 팅크! 나를 구하려고 네가 그 약을 마신 거야?"

"그래."

"하지만 왜, 팅크?"

팅크의 날개는 이제 그녀를 거의 이동시켜 주지는 못했지만, 대답으로 그녀는 피터의 어깨에 내려앉아 피터의 코를 다정하게 깨물었다. 그런 다음 자신의 방으로 비틀거리며 가서 침대에 누웠다.

피터가 비통하게 팅크 곁에 무릎을 꿇었을 때 그의 얼굴은 그녀의 작은 방으로 통하는 구멍을 거의 다 채웠다. 매순간 팅크의 불빛은 점점 더 희미해지고 있었다. 그 불빛이 꺼지면 팅크는 죽을 것임을 피터는 알았다. 그때 팅커 벨이 무언가를 말했다. 팅크의 목소리는 너무 작아서 피터는 처음에 그녀가 말하는 소리를 들을 수 없었다. p.155 피터는 더 주의해서 귀를 기울였다. 팅크는 만약 어린이들이 요정을 믿으면 자신은 다시 건강해질 수 있다고 말하고 있었다.

피터는 공황 상태에 빠졌다. 그곳에는 어린이들이 없었고, 게다가 밤 시간이었다. 그때 피터가 네버랜드 꿈을 꾸고 있을지도 모르는 모두에게, 그리하여 생각보다 더 자신에게 가까이 있을지도 모르는 모두에게, 즉 잠옷 차림의 소년소녀들에게 말을 걸었다.

"너희는 요정들을 믿니?" 피터가 소리쳤다.

팅크는 자신의 운명에 귀를 기울이려고 침대에 일어나 앉았다.

팅크는 자신이 긍정적으로 대답을 들었다고 생각했으나, 그런 다음에는 다시 확신하지 못했다.

"어떻게 생각해?" 팅크가 피터에게 물었다.

"요정들을 믿는다면, 손뼉을 쳐 줘." 피터가 어린이들에게 소리쳤다. "팅크가 죽게 놔두지 마."

p.156 많은 소년소녀들이 손뼉을 쳤다. 일부는 손뼉을 치지 않았다.

마치 수없이 많은 엄마들이 도대체 무슨 일이 일어나고 있는지 보려고 그들의 아이들 방으로 달려 들어간 듯 손뼉 소리는 갑자기 멈췄다. 하지만 팅크는 이미 목숨을 건졌다. 먼저 팅크의 목소리에 점점 더 힘이 들어갔고, 그런 다음 그녀는 침대에서 뛰어나왔다. 머지않아 팅크는 전보다 더 명랑하고 뻔뻔스럽게 방 안을 돌아다니며 반짝거리고 있었다.

"이제 웬디와 아이들을 구하러 가자!"

하지만 피터는 어느 방향으로 가야 한단 말인가? 그런데 피터는 그 자신이 타이거 릴리와 팅커 벨로부터 배운 숲의 지식 가운데 일부를 아이들에게 가르쳐 준 적이 있었다. 슬라이틀리는, 기회가 있었다면, 나무에 표시를 새겼을 것이고, 컬리는 씨앗을 떨어뜨렸을 것이고, 웬디는 어떤 중요한 장소에 자신의 손수건을 남겨두었을 것이었다. 피터는 즉시 떠났다.

p.157 악어가 피터를 지나갔지만, 그 밖에는 다른 생명체도, 소리도, 움직임도 없었다. 달려가면서 피터는 무시무시한 맹세를 했다. "이번에는 후크 아니면 나다." 피터는 아주아주 행복했다.

해적선

p.158 해적들의 강어귀 근처에 있는 키드 만을 비추는 한 줄기 초록빛은 쌍돛대 범선인 졸리 로저 호가 어디에 있는지 표시해 주었다. 그것은 지저분하지만 빨라 보이는 선박이었다. 배 안에 있는 모든 들보는 엉망이 된 깃털들이 흩뿌려진 땅처럼 혐오스러웠다. 그 배는 바다의 식인종이었다.

p.159 배는 이제 밤이라는 담요를 두르고 있었다. 소리는 거의 나지 않았고, 해적선의 재봉틀 소리 외에는 하나도 유쾌하지 못했다. 해적들 중 두세 명이 밤안개 속에서 술을 마시고 있었다. 다른 해적들은 주사위 놀이와 카드놀이를 하며 갑판에 앉아 있었다.

후크는 깊은 생각에 잠겨 갑판을 걸었다. 그의 승리의 시간이었다. 피터는 그의 삶에서 영원히 제거되었다. 다른 모든 아이들은 쌍돛대 범선 안에 있고, 바다에 빠져 죽도록 널빤지를 걸을 예정이었다. 하지만 그의 걷는 방식에는 기쁨이 없었는데, 그가 걷는 방식은 언제나 후크의 음울한 마음의 움직임과 보조를 맞추었다. 후크는 깊이 낙심했다.

p.160 후크는 밤의 고요함 속에서 배 위에서 혼자 자신의 인생을 되돌아볼 때면 종종 이랬다. 그가 아주 지독하게 외로웠기 때문이었다. 이 수수께끼 같은 남자는 자신의 짐승 같은 부하들에게 둘러싸여 있을 때보다 더 외롭다고 느낀 적이 한 번도 없었다. 그들은 사회적으로 후크보다 지위가 낮았다.

후크는 그의 진짜 이름이 아니었다. 후크가 진짜 누구인지 밝히는 것은 오늘날까지도 온 나라를 활활 달아오르게 할 것이다. 하지만 여러분 중 일부는 짐작했을지도 모르지만, 후크는 한 유명한 사립 중학교에 다녔었다. 그 학교의 전통은 여전히 의복처럼 후크에게 꼭 달라붙어 있었다. 그래서 배를 공격할 때 입었던 바로 그 옷차림으로 배에 승선하는 것은 심지어 지금까지도 후크에게는 무례한 것이었다.

"나에게는 나를 사랑해 줄 아이들이 없구나!" 후크가 갑자기 혼자 중얼거렸다.

후크가 이것에 대해 생각하는 것은 이상했는데, 전에는 이러한 생각이 그를 한 번도 괴롭힌 적이 없었던 것이다. 아마도 재봉틀이 그러한 생각을 후크의 마음에 들게 한 것 같았다. p.161 오랫동안 후크는 스미를 바라보며 혼잣말을 중얼거렸다. 그 연민의 정을 자아내는 남자는 모든 아이들이 자신을 두려워하고 있다는 확신 하에 평온하게 감침질을 하고 있었다.

그를 두려워해? 스미를 두려워해? 그날 밤 쌍돛대 범선의 갑판 위에서 스미를 사랑하지 않는 아이는 이미 한 명도 없었다. 스미는 아이들에게 오싹한 것들을 말해 주었다. 주먹으로 때릴 수가 없어서 손바닥으로 아이들을 때리기도 했지만, 아이들은 스미에게 더 매달릴 뿐이었다. 마이클은 심지어 스미의 안경을 써 보기도 했다.

후크는 가엾은 스미에게 아이들이 그를 사랑스럽다고 생각한다고 말해 주고 싶었지만, 그것은 너무 잔인한 것 같았다. 그 대신 후크는 이 수수께끼를 마음속으로 곰곰이 생각해 보았다. 왜 아이들은 스미가 사랑스럽다는 것을 찾아냈을까? p.162 만약 스미가 사랑스럽다면 무엇이 그를 그렇게 만들었을까? 후크는 갑자기 자신이 별난 생각을 하고 있다는 것을 깨달았다. 기운을 차리기 위하여 후크는 자기 부하들 중 한 명을 불렀다.

"거기 있었군!" 후크가 말했다. "날아가지 못하도록 아이들은 전부 사슬에 묶여 있나?"

"네, 네, 선장님."

"그렇다면 그들을 끌어올려."

가엾은 죄수들은 웬디만 빼고 모두 배의 짐칸에서 끌어올려졌다.

"자 그럼, 너희들 중 여섯 명은 오늘 밤 널빤지 위를 걸을 것이다." 후크가 쾌활하게 말했다. "하지만 나에게는 두 명의 급사 자리가 있다. 누가 급사가 되고 싶나?"

웬디는 아이들에게 불필요하게 후크를 화나게 하지 말라고 일러둔 터였다. 투틀즈가 공손하게 앞으로 나섰다.

"아시다시피 선장님." 투틀즈가 말했다. "저는 정말로 해적이 되고 싶지만, 저희 엄마는 제가 해적이 되는 것을 원하지 않으실 것 같아요. p.163 너와 마찬가지로 너희 엄마가 해적이 되는 것을 좋아하실까, 슬라이틀리?" 투틀즈가 슬라이틀리에게 한쪽 눈을 깜박였다.

"그렇게 생각하지 않아." 슬라이틀리가 대답했다. "너희 엄마는 네가 해적이 되기를 원할까, 쌍둥이야?"

"그렇게 생각하지 않아." 쌍둥이 중 맏이가 대답했다. "닙스, 너희……."

"그만, 그만, 그만." 후크가 고함을 질렀다. "너, 꼬마야, 너는 좀 용감해 보이는구나." 후크가 존에게 말을 걸며 말했다. "너는 해적이 되고 싶은 적이 없었냐?"

그런데 존은 전에 가끔 이러한 욕구를 경험한 적이 있었으므로 후크가 자신을 지목한 것에 감동을 받았다.

"저는 예전에 해적이 되어서 저를 피투성이 잭이라고 부르는 생각을 해 봤어요." 존이 조심스럽게 말했다.

p.164 "그거 좋은 이름이군. 네가 합류한다면, 우리는 여기서 너를 그렇게 불러 줄 거야."

"어떻게 생각해, 마이클?" 존이 물었다.

"제가 합류하면 저를 뭐라고 부르실 거예요?" 마이클이 물었다.

"검은 턱수염 조."

마이클은 감명을 받았다.

"나는 모르겠어." 마이클이 말했다. "형이 결정해, 존 형."

"우리는 여전히 국왕의 충실한 백성으로 있는 거예요?" 존이 후크에게 물었다.

"아니." 후크가 말했다. "너는 '왕을 타도하라.'라고 맹세해야 해."

"그렇다면 저는 거절하겠어요." 존이 후크 앞에 있는 나무통을 탕 치며 말했다.

"그러면 저도 거절합니다." 마이클이 소리쳤다.

"그 말이 너희의 운명을 결정한다!" 후크가 소리쳤다. "저들의 엄마를 데려오고 널빤지를 준비하라."

p.165 주크스와 세코가 죽음의 널빤지를 준비하는 것을 보고 아이들은 창백해졌다. 하지만 아이들은 웬디가 끌려나왔을 때 용감하게 보이려고 애썼다.

"자, 예쁜 아가씨." 후크가 말했다. "너는 이제 네 아이들이 널빤지 위를 걷는 것을 지켜보게 될 거야."

"저 아이들을 죽일 건가요?" 목소리에 대단한 증오심을 드러내며 웬디가 물어서 후크는 기절할 뻔했다.

"그렇다, 저들은 죽게 될 것이다." 후크가 으르렁거렸다. "저들에게 할 말이 있다면, 지금이 그때다."

"이것은 내 마지막 말이다, 사랑하는 아이들아." 웬디가 당당히 말했다. "나는 마치 너희의 진짜 엄마들로부터 받은 너희에게 전할 메시지가 있는 느낌이 든단다. 그 말은 이거야. '우리는 우리 아들들이 영국 신사답게 죽기를 바란다.'"

해적들까지도 경외했다.

p.166 "저 계집애를 묶어라!" 후크가 소리쳤다.

후크는 이를 악물고 미소를 지었으며, 웬디 쪽으로 한 걸음 다가갔다. 후크의 의도는 아이들이 한 명씩 널빤지를 걷는 것을 보게 하려고 웬디의 고개를 돌리려는 것이었다. 하지만 후크는 웬디에게 다가가지 못했고, 그녀에게서 듣기를 바랐던 비명 소리도 듣지 못했다. 대신에 후크는 어떤 다른 소리, 훨씬 끔찍한 어떤 소리를 들었다.

그것은 악어가 내는 끔찍한 째깍째깍 하는 소리였다. 그 소리는 물속에서 나오고 있었고, 점점 더 가까이 다가오고 있는 것 같았다. 모두 그것이 후크를 향해 점점 더 가까이 다가오고 있다는 것을 알았다.

"나를 숨겨 줘!" 후크가 즉시 소리쳤다.

해적들은 후크 주변에 모여들었고, 모든 눈들은 배로 올라오고 있는 것을 외면했다. 그들은 싸우려고 하지 않았다. 그것은 운명이었다.

후크가 아이들에게서 모습을 숨기고 나서야 호기심이 아이들의 팔다리를 느슨하게 만들었다. p.167 그들은 악어가 올라오는 것을 보려고 뱃전으로 달려갔다. 그런 다음 아이들은 밤중의 밤의 가장 커다란 놀라움을 느꼈다. 그들을 도우러 온 것은 악어가 아니었다. 그것은 피터였다.

피터는 아이들에게 아무 소리도 내지 말라고 신호했다. 그런 다음 계속해서 째깍째깍 하는 소리를 냈다.

"이번에는 후크 아니면 나다"

p.168 우리가 피터를 마지막으로 보았을 때, 그는 한 손가락을 자기 입술에 대고 단도를 준비한 채 몰래 섬을 빠져나가고 있었다. 피터는 그 악어에 관해 어떠한 이상한 점도 알아채지 못한 채 악어가 지나가는 것을 보았다. 하지만 이윽고 피터는 악어가 째깍거리지 않고 있었다는 것을 기억해 냈다. 처음에 피터는 이것이 이상하다고 생각했으나, 곧 시계가 멈췄다고 정확히 결론 내렸다.

p.169 피터는 이것을 어떻게 자신의 유리한 점으로 바꿀 수 있는지 생각하기 시작했다. 피터는 사나운 짐승들이 그를 악어라고 생각하고 방해하지 않고 보내주도록 째깍거리는 소리를 내기로 결정했다. 피터는 아주 잘 째깍거렸으나, 뜻하지 않은 결과가 하나 있었다. 악어는 그 소리를 들은 짐승들 중 하나였고, 그 악어는 피터를 뒤쫓았다. 어쩌면 그 악어는 피터가 시계를 훔쳐갔다고 생각했을지도 모르고 아니면 시계가 다시 째깍거리고 있다는 믿음 하에 단지 친구로서 그를 뒤쫓는 것일지도 몰랐다. 우리는 결코 알 수 없을 것이다. 하지만 우리가 한 가지는 확실히 할 수 있는데, 그것은 그 악어가 매우 어리석은 짐승이었다는 것이다.

피터는 작은 사고 하나 없이 해안에 도착했고, 곧장 앞으로 갔다. 헤엄을 칠 때, 피터는 오로지 한 가지 생각뿐이었다. "이번에는 후크 아니면 나다."

p.170 피터는 쌍돛대 범선의 측면을 오를 때쯤 자신이 째깍거리고 있었다는 것을 잊은 상태였다. 그래서 해적들이 마치 악어 소리를 들은 것처럼 절망적으로 그들의 한가운데에 있는 후크와 함께 자신으로부터 몸을 움츠리는 것을 보고 놀랐다.

조타수인 에드 테인트가 선원실에서 나와 갑판을 따라 온 것이 바로 이때였다. 피터는 즉시 에드 테인트의 가슴을 찔렀다. 존은 에드가 죽어 가면서 내는 신음 소리를 막으려고 그 불운한 해적의 입 위에다 손을 쫙 펴서 대었다. 에드 테인트가 쓰러졌다. 네 명의 아이들은 소음을 막으려고 그를 붙잡았다. 피터는 신호를 보냈고, 시체는 배 밖으로 던져졌다. 첨벙 소리가 났고, 그런 다음 잠잠해졌다.

피터는 발끝으로 걸어 살금살금 선실로 모습을 감추었다. 한편 해적들 중에는 주변을 둘러볼 용기가 있는 자가 아무도 없었다. 해적들은 이제 서로의 괴로운 숨소리를 들을 수 있었는데, 이는 더 끔찍한 소리가 지나갔음을 깨닫게 해 주었다.

p.171 "가 버렸어요, 선장님." 스미가 말했다.

후크는 집중해서 귀를 기울였다. 한 번의 소리도 들리지 않았고, 후크는 허리를 쭉 펴고 몸을 일으켰다.

"그러면 마저 계속하자! 아이들이 널빤지 위를 걷게 해라!" 후크는 아이들이 자기가 무서워서 벌벌 떠는 것을 보았기 때문에 전보다 더욱 그들을 증오하며 말했다.

"널빤지 위를 걷기 전에 아홉 개의 끈을 단 채찍 맛을 볼 테냐?"

그 말에 아이들은 무릎을 꿇었다.

"싫어요, 싫어요!" 아이들이 너무 애처롭게 소리쳐서 모든 해적들이 미소를 지었다.

"가서 아홉 개의 끈을 단 채찍을 가져와, 주크스." 후크가 말했다.

p.172 "선실에 있다."

하지만 선실에는 피터가 있었다! 아이들은 서로를 쳐다보았다.

"네, 네." 주크스가 선실로 성큼성큼 걸어가며 즐겁게 말했다.

잠시 후, 귀에 거슬리는 끔찍한 소리가 나왔다. 그 외침은 배를 가로질러 울부짖은 다음 잦아들었다. 그런 다음 꼬끼오 하는 소리가 들렸는데, 아이들은 그 소리를 잘 이해했다. 하지만 해적들에게 있어 그것은 귀에 거슬리는 외침보다 거의 더 겁을 주었다.

"저게 뭐냐?" 후크가 소리쳤다.

이탈리아 인 세코는 잠시 머뭇거렸고, 그런 다음 선실로 달려 들어갔다. 세코는 초췌해져서 비틀거리며 나왔다.

"빌 주크스에게 무슨 일이 있는 거야?" 후크가 물었다.

"빌 주크스가 칼에 찔려 죽었어요." 세코가 공허한 목소리로 대답했다.

"빌 주크스가 죽어?" 놀란 해적들이 소리쳤다.

p.173 "선실 안은 아주 어두워요." 세코가 말했다. "하지만 그 안에는 뭔가 끔찍한 것이 있어요. 우리가 꼬끼오 하는 소리를 들은 것이요."

"세코." 후크가 가장 냉혹한 목소리로 말했다. "돌아가서 주크스를 죽인 것이 무엇이든 그것을 데려와."

용감한 사람들 중에서도 가장 용감한 세코가 선장 앞에서 움츠러들었다.

"싫어요, 선장님, 저는 못해요." 세코는 소리쳤지만, 후크는 자신의 갈고리를 들었다.

"내 명령에 불복종할 테냐, 세코?" 후크가 말했다.

세코는 갔고, 다시 귀에 거슬리는 소리와 꼬끼오 소리가 들려왔다.

"누가 나에게 수탉을 가지고 올 테냐?"

"세코가 나올 때까지 기다려 봐요." 스타키가 말했다.

p.174 "네가 자원하는 소리처럼 들리는구나, 스타키." 후크가 말했다.

"선장님, 자비를 베풀어 주세요!" 스타키가 소리쳤다.

스타키가 뒤로 물러나자 후크는 앞으로 나섰고, 이제 그의 눈에는 붉은 불꽃이 서렸다. 절망적인 비명과 함께, 스타키는 바닷속으로 스스로 몸을 던졌다.

"그럼 이제 내가 직접 수탉을 가지고 나오겠다." 후크가 등불을 잡고 위협적인 몸짓으로 갈고리를 들어 올리며 친절하게 말했다. 그 말과 함께 후크는 선실로 사라졌다.

잠시 후 후크는 등불 없이 비틀거리며 나왔다.

"무언가가 등불을 훅 불어 껐어." 후크가 안정을 찾지 못한 채 말했다.

"세코에게 무슨 일이 일어났죠?" 누들러가 물었다.

"세코는 죽었다." 후크가 말했다.

후크가 선실로 돌아가는 것을 꺼리는 것이 그의 부하들을 초조하게 굴게 했다. 그때 후크가 자신의 죄수들을 흘끗 보았고, 그의 얼굴은 다시 밝아졌다.

p.175 "이 녀석들아, 나에게 생각이 있다." 후크가 승무원 전원에게 소리쳤다. "선실 문을 열고 저 아이들을 던져 넣는 거야. 아이들이 목숨을 걸고 그 안에 있는 것이 무엇이든 싸우게 하는 것이지. 아이들이 그것을 죽인다면, 우리는 더할 나위 없이 좋을 테지. 만약 그것이 아이들을 죽인다고 해도 우리에게는 더 나쁠 것이 없어."

마지막으로 해적들은 후크에게 감탄했다. 발버둥치는 척하는 아이들은 선실로 밀어 넣어졌고 문은 그들 뒤에서 닫혔다.

선실에서는 피터가 자신이 찾고 있던 것을 찾아낸 터였다. 그것은 아이들을 속박에서 자유롭게 해 줄 열쇠였다. 이제 아이들은 찾을 수 있는 모든 무기로 무장한 채 모두 몰래 선실을 나갔다. 아이들이 숨는 동안, 피터는 웬디를 묶어 놓은 끈을 잘랐다. p.176 이제 모두 함께 날아오르는 것보다 더 쉬운 것은 아무것도 있을 수 없었다. 하지만 한 가지가 피터를 제지했다. 그것은 "이번에는 후크 아니면 나다."라는 맹세였다. 그래서 웬디를 풀어주었을 때, 피터는 그녀에게 다른 아이들과 함께 숨으라고 속삭였다. 피터는 해적들이 자신을 웬디로 착각하게 하려고 그녀의 망토를 두르고 대신 돛대에 자리를 잡고 섰다. 그런 다음 숨을 한 번 크게 들이쉬고 꼬끼오 하는 소리를 냈다.

해적들은 당연히 이를 모든 아이들이 죽은 것이라는 신호로 받아들였다. 그들은 공황 상태에 빠졌다. 이제 개처럼, 해적들은 후크에게 자신들의 송곳니를 드러냈다. 후크는 만약 자신이 그들에게서 눈을 떼면 이제 그들이 자신을 향해 달려들 것을 알았다.

"이 녀석들아, 문제가 무엇이지 나는 안다." 후크가 말했다. "문제는 계집애다. 여자를 배에 태운 것은 재수 없는 일이다. 그 계집애는 사라져야 해."

"해볼 만합니다." 해적들이 의심스러워하며 말했다.

p.177 "저 계집애를 배 밖으로 던져라." 후크가 소리쳤다. 해적들은 망토를 입은 형상을 향해 돌진했다.

"이제 아무도 너를 구해 줄 수 없어, 아가씨." 멀린스가 말했다.

"한 사람은 할 수 있어요." 그 형상이 대답했다.

"그게 누구야?"

"복수의 화신 피터 팬이다!" 피터가 자신의 망토를 벗어 던지며 소리쳤다. 그때에야 해적들은 모두 선실에서 모든 살인을 행해 온 것이 누구인지 알았다.

"저놈을 죽여라!" 후크가 소리쳤다.

"자, 얘들아!" 피터의 목소리가 울렸다. 다음 순간, 무기들의 쨍그랑 소리가 배 전체로 울리고 있었다.

해적들이 함께 모여 있었다면, 분명히 해적들이 이겼을 것이었다. 하지만 전투는 해적들이 여전히 선실에서 일어난 사건으로 충격을 받고 있을 때 시작되었다. p.178 그들은 미친 듯이 공격하고 각자 자신이 승무원들 중 최후의 생존자라고 생각하며 이리저리 뛰어다녔다. 일대일로 붙으면 해적들이 더 강했지만, 그들은 방어적으로만 싸웠기 때문에 지고 말았다. 이 때문에 아이들은 2인 1조로 자신들의 먹잇감을 사냥하고 고를 수 있었다. 악당들 중 몇 명은 바다로 뛰어들었고, 다른 사람들은 어두운 후미진 곳에 숨었으며, 아이들에 의해 그곳에서 발견되고 죽임을 당했다.

무지막지한 아이들의 무리가 후크를 에워쌌을 때 모든 해적들은 사라지고 없었다.

"너희 칼을 치워, 애들아." 피터가 말했다. "이자는 내 것이야."

이제 갑자기 후크는 자신이 피터와 일대일로 마주치게 되었음을 알았다. 다른 아이들은 한 발 뒤로 물러나 그들 주위에 원을 만들었다.

한참 동안 두 명의 적은 서로를 노려보았다. 후크는 가볍게 몸을 떨었고, 피터는 얼굴에 기묘한 미소를 지었다.

p.179 "그러니까 팬." 마침내 후크가 말했다. "이 모든 일의 배후에는 네가 있었구나."

"그렇다, 제임스 후크." 단호한 대답이 돌아왔다. "나였다."

"오만하고 건방진 녀석." 후크가 말했다. "죽을 준비나 해라."

"으스스하고 사악한 인간아." 피터가 대답했다. "죽음을 맞을 준비나 하시지."

더 이상의 말도 없이, 그들은 싸우기 시작했다. 피터는 뛰어난 검객이었으며 눈부신 속도로 움직였다. 후크 역시 피터만큼 훌륭했으나 손목 놀림에 있어서는 그다지 민첩하지 못했다. 얼마 후, 피터는 용케 후크의 갈비뼈를 찔렀다. 자신의 피를 보았을 때 칼이 후크의 손에서 떨어졌다. 후크는 이제 피터의 처분에 놓였다.

p.180 피터가 단도를 가지고 공중에서 서서히 자신에게 다가오는 것을 보자, 후크는 바다로 뛰어들기 위해 보루로 뛰어올랐다. 후크는 악어가 아래에서 자신을 기다리고 있다는 것을 알지 못했다. 이때 피터는 공중으로 뛰어올라 후크를 배 밖으로 걸어찼다.

그렇게 제임스 후크는 죽었다.

웬디는 싸움에 가담하지 않고 반짝반짝 빛나는 눈으로 피터를 지켜보며 서 있었다. 웬디는 모든 아이들을 똑같이 칭찬해 주었으며 마이클이 자신이 해적들 중 한 명을 죽인 장소를 보여 주었을 때에는 기뻐하며 몸을 떨었다. 웬디는 아이들을 후크의 선실로 데리고 갔고 못에 걸려 있던 그의 시계를 가리켰다. 1시 30분이었다!

웬디는 피터를 제외하고 아이들을 모두 해적들의 침대에 들게 했다. 피터는 거들먹대면서 갑판을 오르락내리락 활보하다가 마침내 장거리포 옆에서 잠이 들었다.

집으로

p.181 웬디와 아이들은 피터 팬 선장의 안내로 졸리 로저 호를 타고 본토로 나아갔다. 그들은 분명히 유쾌하고 즐거운 시간을 보냈으나 우리는 그들을 지켜보며 시간을 허비하지 않을 것이다. p.182 그 대신 우리는 이제 우리의 등장인물 중 세 명이 오래 전에 무정하게 하늘을 날아 떠나온 황량한 집으로 되돌아가야 한다.

아이들 방에서 보이는 유일한 변화는 9시에서 6시까지 개집이 더 이상 그곳에 없다는 것이다. 아이들이 날아가 버렸을 때, 달링 씨는 나나를 쇠사슬로 묶어 놓았기 때문에 모든 책임이 자신에게 있으며, 나나가 내내 자신보다 더 현명했다는 것을 느꼈다. 물론 우리가 보아온 것처럼 달링 씨는 아주 단순한 사람이었다. 하지만 달링 씨는 또한 자신에게 옳다고 보이는 것을 실행할 정의감과 사자와 같은 용기를 가지고 있었다. 아이들이 날아간 후에 그 문제를 신중하게 생각해 본 다음, 달링 씨는 네 발로 기어 내려가서 개집 안으로 들어갔다. 달링 씨를 밖으로 나오게 하려는 달링 부인의 온갖 권유에도 불구하고 그는 슬프지만 확고하게 대답했다. "아니, 이곳이 내가 있어야 할 자리야."

p.183 아이들이 돌아온 그 사건 사고 많은 목요일 저녁에 달링 부인은 아이들 방에 있었다. 달링 씨는 다시 개집 안에 있었다.

"조지." 달링 부인이 말했다. "개집에서 나와 줄래요?"

"아니, 이것은 나에 대한 벌이야."

"그것이 정말로 벌이 맞는 거예요, 조지? 그것을 즐기고 있지 않은 것이 확실하죠?"

"여보!" 졸리다고 느끼고 달링 씨는 개집에서 몸을 웅크렸다. "그 창문 좀 닫아주겠소? 외풍이 느껴져서 말이오."

"오, 조지, 절대로 나한테 그렇게 해 달라고 하지 말아요. 아이들이 돌아올 경우를 대비해서 창문은 항상 열려 있어야 해요."

달링 부인은 불을 끄고 응접실로 갔다. 이때 피터와 팅커 벨이 아이들 방으로 날아 들어왔다.

p.184 "어서 팅크, 창문을 닫아." 피터가 속삭였다. "그것을 잠가! 그래, 그거야. 이제 너와 나는 문으로 빠져나가야 해. 그리고 웬디가 오면 웬디는 자기 엄마가 자기를 내쫓고 빗장을 걸어두었다고 생각할 거야. 그러면 웬디는 나와 함께 돌아가는 것 외에는 선택의 여지가 없는 거야."

이것이 피터가 웬디, 그리고 남자아이들과 본토까지 동행한 이유였다.

밖으로 나가면서 피터는 응접실을 들여다보고 달링 부인이 비통하게 흐느끼고 있는 것을 보았다.

"부인은 아마도 내가 창문의 빗장을 벗기기를 바라겠지." 피터는 생각했다. "하지만 나는 그렇게 하지 않을 거야. 절대 안 해."

피터는 다시 안을 살짝 들여다보았고, 달링 부인은 여전히 울고 있었다.

"달링 부인은 웬디를 아주 많이 사랑하는 게 틀림없군." 피터가 혼잣말을 했다.

p.185 피터는 달링 부인을 무시하려고 했으나 그렇게 하지 못했다.

"오, 알았다고." 눈물을 참으며 마침내 피터가 말했다. 그런 다음 피터는 창문의 빗장을 벗겼다. "팅크, 이리 와." 피터가 소리쳤다. "우리는 어리석은 엄마 따위는 원하지 않잖아." 그 말과 함께 그들은 날아가 버렸다.

그래서 웬디와 존과 마이클은 그들을 위해 창문이 열려 있는 것을 발견했다. 그들은 바닥에 내려앉았는데, 막내는 이미 자기 집을 잊고 있었다.

"존." 마이클이 주변을 둘러보며 말했다. "나는 여기 와 본 적이 있는 것 같아."

"물론 있지, 이 바보야. 저기 있는 저게 네 침대잖아."

"그렇구나." 마이클이 그다지 확신하지 못한 채 말했다.

"봐!" 존이 말했다. "개집이 있네!"

p.186 "아마도 나나가 안에 있을 거야." 웬디가 말했다.

"아니야." 존이 말했다. "남자가 그 안에 있는 것 같아."

"아빠야." 웬디가 소리쳤다.

바로 그때 그들은 피아노 소리를 들었다.

"엄마야." 웬디가 살짝 내다보며 말했다. "나에게 좋은 생각이 있어. 모두 침대로 들어가서 엄마가 들어오실 때까지 거기에 있자. 마치 집을 떠난

적이 없었던 것처럼 말이야."

그렇게 해서 달링 부인이 자기 남편이 잠들었는지 보려고 아이들 방으로 돌아왔을 때, 모든 침대는 아이들이 차지하고 있었다. 아이들은 엄마의 기쁨의 울음을 기다렸으나, 그 울음은 나오지 않았다. 달링 부인은 아이들을 보았지만, 그들이 정말로 그곳에 있다고는 믿지 않았다. 달링 부인은 꿈속에서 매우 자주 아이들을 보아서 이는 단지 꿈이라고 생각했다.

달링 부인은 난롯가의 의자에 앉았고 책을 폈다.

아이들은 이를 이해할 수 없었고, 그들 세 명 모두에게 으스스한 공포가 밀려왔다.

p.187 "엄마!" 웬디가 소리쳤다.

"웬디구나." 달링 부인은 말했으나, 그녀는 여전히 자신이 꿈을 꾸고 있다고 생각했다.

"엄마!"

"존이구나." 엄마가 말했다.

"엄마!" 마이클이 소리쳤다.

"마이클이구나." 달링 부인은 말했고, 세 명의 이기적인 아이들에게 팔을 벌렸다. 놀랍게도 달링 부인의 팔은 실제로 웬디와 존과 마이클을 껴안았으며, 그들은 침대에서 빠져나와 그녀에게로 달려갔다.

"조지, 조지!" 달링 부인이 마침내 소리쳤다. 그리고 달링 씨는 깨어나서 달링 부인의 기쁨을 함께 나누었고, 나나가 안으로 뛰어 들어왔다. 그것은 최고로 사랑스러운 광경이었으나, 창가에서 안을 지켜보고 있는 한 어린아이 외에는 그것을 보는 사람이 아무도 없었다.

웬디가 어른이 되었을 때

p.188 다른 아이들에게 무슨 일이 일어났는지 여러분들이 알고 싶어 하기를 바란다. 그들은 웬디가 부모님에게 자신들에 관해 설명할 시간을 주려고 아래에서 기다리고 있었다. 오백까지 센 다음, 그들은 위로 올라갔다. 그들은 모자를 벗고 달링 부인 앞에 한 줄로 섰다. 그들은 아무 말도 하지 않았지만, 그들의 눈은 자신들을 받아달라고 애원했다.

p.189 물론 달링 부인은 즉시 그들을 입양하겠다고 말했다. 반면에 달링 씨는 다소 기분이 침체된 것 같았다. 아이들은 달링 씨가 여섯 명을 꽤

큰 숫자로 여긴다는 것을 알아낼 수 있었다.

"내가 분명히 말하겠는데, 일을 대충 하려고 해서는 안 돼." 달링 씨가 웬디에게 말했다.

몹시 자존심이 센 쌍둥이 중 맏이는 비위가 상했다.

"저희가 너무나 많이 손이 가는 존재인가요, 아저씨?" 쌍둥이 중 맏이가 말했다. "그렇다면 저희는 떠나면 돼요."

"아빠!" 웬디가 깜짝 놀라 소리쳤다. 달링 씨는 자신이 못되게 행동하고 있다는 것을 알았지만, 어쩔 수가 없었다.

"저희는 서로 포개어 자면 돼요." 닙스가 말했다.

p.190 "저는 아이들의 머리도 직접 잘라 주었어요." 웬디가 말했다.

"조지!" 자신의 남편이 스스로를 그처럼 비우호적인 인물로 보이는 것을 보기가 고통스러웠던 달링 부인이 소리쳤다.

그때에야 달링 씨는 갑자기 울음을 터뜨리고 진실을 말했다. 달링 씨가 말하기를 자신은 달링 부인만큼이나 아이들을 갖게 되어 기쁘지만, 그들이 달링 부인은 물론 자신의 동의도 구했어야 한다고 생각했다는 것이었다. 그래서 길 잃은 아이들이 달링 가족들과 함께 살게 될 거라는 것에 합의가 이루어졌다.

피터에 관해서라면, 피터는 날아가기 전에 한 번 더 웬디를 보았다. 피터는 작별 인사를 하기 위해서 창문 옆을 지나 날아갔다.

"잘 있어, 웬디." 피터가 말했다.

"갈 거니?"

"그래."

달링 부인이 창문으로 다가왔다. 부인은 자신이 다른 모든 아이들을 입양했으며, 피터도 입양하고 싶다고 말했다.

"저를 학교에 보내실 건가요?" 피터가 물었다.

p.191 "응."

"그 다음에는 회사에도요?"

"아마 그러겠지."

"그러면 곧 저는 어른이 되겠군요?"

"매우 빨리."

"저는 학교에 가서 심각한 것들을 배우고 싶지 않아요." 피터가 달링 부인에게 열정적으로 말했다. "저는 어른이 되고 싶지 않아요."

"하지만 어디에서 살 거니? 그리고 누가 너와 함께 있지?"

"저는 우리가 웬디를 위해 지은 집에서 팅크와 함께 살 거예요. 요정들은 제가 그 집을 나무 꼭대기로 높이 올려주도록 도와줄 수 있어요."

"나는 모든 요정들이 죽었다고 생각했는데." 달링 부인이 말했다.

"어린 요정들은 늘 많아요." 웬디가 설명했다. "새로 태어난 아기가 처음으로 웃으면 새로운 요정이 태어나거든요. 새로 태어난 아기들이 늘 있기 때문에 새로운 요정들은 언제나 있어요. p.192 요정들은 나무 꼭대기 둥지에 살아요. 자주색 요정은 남자이고 흰색 요정은 여자이고 파란색 요정은 자신들이 누구인지 모르는 요정들이에요."

"나는 아주 재미있게 지낼 거야." 웬디의 눈을 보며 피터가 말했다.

"난롯가에 앉으면 저녁에는 외로울 거야." 웬디가 말했다.

"나에게는 팅크가 있어. 게다가 만약 나에 대해 그렇게 걱정이 된다면, 그냥 나와 함께 작은 집으로 가자."

"그래도 돼요, 엄마?"

"물론 안 되지. 이제야 너를 다시 집에서 맞았잖니. 네가 이렇게 빨리 떠날 수는 없어."

"하지만 피터도 엄마가 필요해요."

"너도 그렇단다, 얘야."

"오, 괜찮아요." 피터가 마치 신경 쓰지 않는다는 듯 말했다. 하지만 달링 부인은 피터의 입이 씰룩거리는 것을 보았다. 그래서 부인은 친절한 제안을 했다. 즉, 피터의 봄맞이 청소를 하도록 매년 일주일 동안 웬디를 피터와 함께 보내주겠다는 것이었다. p.193 이러한 약속은 피터가 다시 한 번 즐거운 기분을 느끼며 떠날 수 있게 주었다.

"피터." 피터가 날아가기 전에 웬디가 말했다. "봄맞이 청소 시기가 오기 전에 나를 잊지 않을 거지, 그렇지?"

"물론 안 잊지." 피터가 미소를 지으며 대답했고, 그런 다음 날아갔다.

바로 그 다음날부터, 모든 아이들은 학교에 갔다. 학교생활 딱 일주일 만에 아이들은 섬에 남지 않기로 한 자신들이 얼마나 바보였는지 깨달았다. 하지만 이제 너무 늦었다. 곧 그들은 여러분이나 나처럼 평범하게 되는 일에 적응했다. 비행 능력이 차츰 그들을 떠났다고 말해야 하는 것은 슬프다. 처음에 나나는 아이들이 밤중에 날아가지 못하게 하려고 침대 기둥에 그들의 발을 묶어 놓았다. 하지만 이윽고 그들은 침대에 묶인 끈을 당기는 것을 그만두었다. p.194 얼마 안 되어, 심지어 그들은 방 한 쪽 끝에서 다른 쪽으로 날 수조차 없었다. 그들은 이를 연습 부족이라고 탓했으나, 실제로는 그들이 더 이상 믿지 않는다는 것을 의미했다.

마이클은 다른 아이들보다 더 오래 믿었으므로 첫 해의 끝 무렵에 피터가 웬디를 데리러 왔을 때 그녀와 함께 있었다. 웬디는 자신이 네버랜드에서 나뭇잎과 베리 열매로 짠 드레스를 입고 피터와 함께 날아갔다. 웬디의 한 가지 두려움은 피터가 그 옷이 얼마나 작아졌는지 알아챌지도 모른다는 것이었다. 하지만 피터는 전혀 알아채지 못했는데, 자기 자신에 관해서 할 말이 아주 많았기 때문이었다.

웬디는 그들의 모험에 관하여 피터와 함께 흥분되는 이야기를 하기를 고대했으나 피터의 마음속에는 새 모험이 옛 모험을 대체하고 있었다.

"후크 선장이 누구야?" 웬디가 피터의 숙적에 대해 말했을 때 피터는 흥미를 보이며 물었다.

"네가 어떻게 후크를 죽이고 우리의 목숨을 구했는지 기억 안 나니?" 웬디가 놀라서 물었다.

p.195 "나는 죽이고 나면 잊어버려." 피터가 아무렇지도 않게 대답했다.

팅커 벨이 자신을 보면 과연 기뻐할까 하고 웬디가 확신 없는 바람을 표현했을 때 피터는 "팅커 벨이 누구야?"라고 말했다.

"오, 피터." 웬디가 충격을 받고 말했다. 하지만 웬디가 설명을 해 주었을 때에도 피터는 기억하지 못했다.

"요정들은 너무 많아." 피터가 말했다. "나는 요정들을 전부 다 기억하지는 못해. 아마도 그 요정은 죽었을 거야."

아마도 피터가 옳았을 것이었다. 요정들은 오래 살지 못한다.

피터에게는 지난 한 해가 어제와 같다는 것을 알고 웬디는 슬펐다. 웬디에게는 일 년이라는 기다림이 너무나도 긴 것 같았다. 하지만 피터는 전처럼 매혹적이었으며, 그들은 나무 꼭대기의 작은 집에서 즐거운 봄맞이 청소를 했다.

p.196 이듬해에 피터는 웬디를 데리러 오지 않았다. 옛날 옷이 맞지 않았기 때문에 웬디는 새 옷을 입고 기다렸다. 하지만 피터는 결코 오지 않았다.

"어쩌면 피터가 아플지도 몰라." 마이클이 말했다.

"너도 알다시피 피터는 절대 아프지 않아."

"어쩌면 그런 사람이 없는지도 몰라, 웬디!" 마이클이 속삭였다. 마이클이 올지 않았더라면 웬디가 울었을 것이었다.

피터는 이듬해에 왔다. 이상한 일은 피터가 자신이 일 년을 빼먹었다는 것을 몰랐다는 것이었다.

그것이 소녀인 웬디가 피터를 본 마지막 때였다. 세월은 흘렀고, 그들이 다시 만났을 때 웬디는 기혼 여성이었다. 웬디에게 피터는 자기 인형을 담아둔 상자에 있는 작은 먼지에 지나지 않았다. 웬디는 어른이 되었다. 여러분이 웬디를 가엾게 여길 필요는 없다. 웬디는 어른이 되고 싶어 하는 부류 중 한 명이었다.

p.197 모든 아이들이 이 무렵에는 역시 다 어른이 되어 있었다. 여러분은 각자 작은 가방과 우산을 들고 매일 사무실에 가는 쌍둥이와 닙스와 컬리를 볼 수 있을지도 모른다. 마이클은 기관사이다. 슬라이틀리는 귀족 작위가 있는 여인과 결혼하여 그 자신도 귀족이 되었다. 여러분은 법정에서 나오는 재판관이 보이는가? 그는 투틀즈이다. 자기 아이들에게 들려줄 이야기를 하나도 알지 못하는 수염을 기른 남자는 존이다.

웬디는 분홍색 허리띠가 달린 아름다운 흰 드레스를 입고 결혼했다. 피터가 그 결혼에 공식적인 이의를 제기하러 교회로 날아오지 않았던 것은 이상한 일이다.

다시 몇 년이 지나갔고, 웬디는 딸을 얻었다. 그 아이는 제인이라고 불렸으며, 언제나 호기심이 많은 이상한 표정을 짓고 있었다. 제인이 질문을 할 만큼 나이가 들었을 때, 그 질문은 주로 피터 팬에 관한 것이었다. p.198 웬디는 그 유명한 비행이 일어난 바로 그 아이들 방에서부터 기억나는 모든 것을 이야기해 주었다. 그곳은 이제 제인의 방이었다. 달링 부인은 몇 년 전에 죽었고 오랫동안 잊혀 있었다.

이제 아이들의 방에는 두 개의 침대만 있었는데, 제인의 침대와 보모의 침대였다. 개집은 없었는데, 나나 역시 죽었기 때문이었다.

일주일에 한 번, 제인의 보모는 저녁에 쉬었다. 그러면 제인을 침대에 누이는 것은 웬디의 차례였다. 그때가 자신의 이야기를 들려줄 시간이었다. 이불을 자기 엄마의 머리와 자기의 머리 위로 들어 올려 텐트처럼 만들고 어둠 속에서 속삭이는 것은 제인의 생각이었다.

"지금 뭐가 보여요?"

"오늘 밤에는 아무것도 안 보이는 것 같구나." 웬디가 말한다.

"물론 엄마한테는 보여요." 제인이 말한다. "엄마는 엄마가 어린아이였을 때를 봐요."

p.199 "그것은 오래 전이었단다, 얘야." 웬디가 말한다. "아! 세월이 참 빠르기도 하구나!"

"엄마가 어린아이였을 때 하늘을 날았던 것처럼 세월이 빨리 날아갔나요?" 제인이 묻는다.

"내가 날았던 것처럼? 있잖아, 제인, 나는 가끔 내가 정말로 날았는지조차 의아해한단다."

"맞아요, 엄마는 하늘을 날았어요. 하지만 왜 지금은 못 나는 거예요, 엄마?"

"나는 어른이니까. 사람들은 어른이 되면 하늘을 나는 법을 잊어버린단다."

"왜 잊어요?"

"어른들은 더 이상 유쾌하고 순진하지 않거든. 날 수 있는 사람은 유쾌하고 순진한 사람뿐이란다."

"유쾌하고 순진한 것이 무엇인데요? 저는 제가 유쾌하고 순진하면 좋겠어요."

이제 아마도 웬디는 무언가를 분명히 본 것 같다.

"그것은 분명히 이 아이들 방이었던 것 같구나." 웬디가 말한다.

p.200 "분명히 그럴 거예요." 제인이 말한다. "계속해 주세요."

웬디는 이제 피터가 자신의 그림자를 찾으려고 피터가 날아왔던 그날 밤의 위대한 모험을 이야기하기 시작한다.

"그 어리석은 아이는 비누로 그림자를 붙이려고 애썼단다." 웬디가 말한다. "붙일 수 없을 때 피터는 울기 시작했단다. 그것이 나를 깨웠고 내가 그를 위해 그것을 꿰매 주었지."

"엄마는 조금 빠뜨리셨어요." 제인이 끼어든다. 이제 제인은 웬디보다 그 이야기를 더 잘 안다. "피터가 바닥에 앉아서 울고 있는 것을 보았을 때, 엄마가 뭐라고 말씀하셨잖아요, 그렇지 않나요?"

"나는 앉아서 '애, 너는 왜 울고 있니?'라고 말했단다. 그런 다음 우리 모두를 네버랜드와 요정과 해적과 인디언과 인어의 석호 그리고 땅 밑의 집과 작은 집으로 데려갔단다."

"피터 팬이 엄마에게 한 마지막 말이 무엇이었어요?"

p.201 "피터는 '그냥 늘 나를 기다리고 있어. 그러면 어느 날 밤 내가 꼬끼오 하고 우는 것을 듣게 될 거야.' 하지만 그런 다음 피터는 나에 관해

모두 잊었단다."

며칠 밤이 지난 후 비극이 찾아왔다. 봄이었고, 제인은 지금 자신의 침대에서 잠들어 있었다. 웬디는 바닥에, 난로에 무척 가까이 앉아 있었다. 갑자기 창문이 활짝 열리더니 피터가 들어와 바닥에 내려앉았다.

피터는 전과 아주 똑같았고, 웬디는 그가 여전히 젖니를 가지고 있는 것을 보았다.

피터는 어린아이였고, 웬디는 어른이었다.

"안녕, 웬디." 어떠한 다른 점도 알아채지 못한 것 같은 피터가 말했다. 평소처럼 피터는 주로 자기 자신에 대해서만 생각하고 있었다.

"안녕, 피터." 웬디가 기어 들어갈 듯한 목소리로 대답했다. **p.202** 마음속에 있는 무엇인가가 "여자야, 여자야, 나를 가게 놔 줘."라고 외치고 있었다.

"존은 어디 있어?" 피터가 물었다.

"존은 여기에 없어." 웬디가 말했다.

"마이클은 잠들어 있니?" 제인을 부주의하게 쳐다보며 피터가 물었다.

"그래." 웬디가 대답했다. "하지만 그 아이는 마이클이 아니야."

"새로운 아이야?"

"그래."

"남자아이야 아니면 여자아이야?"

"여자아이야."

피터는 여전히 제인이 웬디의 딸이라는 것을 깨닫지 못했다.

"피터." 웬디가 말했다. "내가 너와 함께 날아갈 것을 바라고 온 거니?"

"물론이지. 봄맞이 청소 때잖아."

웬디는 피터가 자신을 데리러 오지 않은 채 많은 봄이 지나갔다고 말해 봤자 소용이 없으리라는 것을 알았다.

p.203 "나는 갈 수 없어." 웬디가 말했다. "나는 더 이상 나는 방법을 몰라."

"내가 다시 가르쳐 줄게."

"오, 피터, 요정의 가루를 나에게 낭비하지 마."

웬디가 일어섰고, 이제 드디어 공포가 피터를 괴롭혔다.

"뭐야?" 피터가 몸을 움츠리며 물었다.

"네가 나를 더 잘 볼 수 있도록 내가 불을 밝힐게." 웬디가 말했다.

난생 처음으로 피터는 두려워했다.

"불을 밝히지 마." 피터가 애원했다.

웬디는 그 애처로운 아이의 머리를 손으로 어루만졌다. 웬디는 더 이상 피터 때문에 비통해하는 어린 소녀가 아니었다. 웬디는 그런 모든 일에 미소를 짓는 성인 여자였으나, 그녀의 눈은 여전히 촉촉하게 젖어 있었다.

웬디는 불을 밝혔고, 피터는 그녀를 보았다. p.204 피터는 고통의 비명을 질렀다. 키가 크고 아름다운 여인이 자신을 품에 안아 올리려고 몸을 굽혔을 때 피터는 민첩하게 뒤로 물러났다.

"어떻게 된 거야?" 피터가 소리쳤다.

"나는 나이가 들었어, 피터. 나는 오래 전에 다 자랐어."

"안 그런다고 약속했잖아."

"나도 어쩔 수 없었어. 나는 이제 결혼한 여자야, 피터. 그리고 침대에 있는 어린 여자아이는 내 아이야."

피터는 자고 있는 아이를 향해 한 발 다가가서 주의 깊게 보았다. 그런 다음 바닥에 주저앉아 흐느꼈다. 예전에는 피터를 쉽게 위로하곤 했었지만, 웬디는 이제 어떻게 피터를 위로해야 할지 몰랐다. 이제 웬디는 성인 여자일 뿐이었다. 웬디는 생각을 해 보려고 방에서 나갔다.

피터는 계속해서 울었고, 결국 그의 흐느낌이 제인을 깨웠다. 제인은 놀라지 않았다. 사실 제인은 오히려 재미있어 했다.

"저기요." 제인이 말했다. "왜 울고 있어요?"

피터는 일어나서 제인에게 정중하게 머리를 숙여 절했고, 제인은 침대에서 피터에게 머리 숙여 인사했다.

p.205 "안녕." 피터가 말했다.

"안녕." 제인이 말했다.

"내 이름은 피터 팬이야." 피터가 말했다.

"그래, 알아."

"나는 우리 엄마를 네버랜드로 데려가기 위해 돌아왔어." 피터가 말했다.

"알아." 제인이 말했다. "나는 너를 기다리고 있었어."

웬디가 돌아왔을 때, 그녀는 피터가 멋지게 꼬끼오 소리를 내면서 침대 기둥에 앉아 있는 것을 발견했다. 제인은 방 안을 날아다니고 있었다.

"우리 엄마야." 피터가 말했다. 제인은 내려와서 피터의 옆에 섰다.

"피터는 엄마가 필요해요." 제인이 말했다.

"그래, 알아." 웬디가 말했다. "그것은 누구보다도 내가 잘 알지."

"잘 있어." 피터가 웬디에게 말했다. 피터가 공중으로 날아올랐고, 제인은 그와 함께 날아올랐다.

p.206 웬디가 창문으로 달려갔다

"안 돼, 안 돼." 웬디가 소리쳤다.

"봄맞이 청소만 할 거예요." 제인이 말했다.

"내가 너희와 같이 갈 수 있다면." 웬디가 한숨을 쉬며 말했다.

"하지만 엄마는 못 날잖아요." 제인이 말했다.

결국 웬디는 그들이 함께 날아가게 해 주었다. 우리가 마지막으로 본 웬디는 그들이 하늘로 사라지는 것을 지켜보며 창가에 있는 것을 보여 준다.

이 모든 것은 오래 전에 일어났다. 제인은 이제 마거릿이라고 불리는 딸이 있는 어른이다. 그리고 매년 봄, 피터가 잊어버릴 때를 제외하면, 피터는 마거릿을 데리러 와서 그녀를 네버랜드로 데려간다. 마거릿이 자라면 딸을 가질 것이고, 그 딸은 순서대로 피터의 엄마가 될 것이다. 그리고 어린이들이 유쾌하고 순진한 한 그 일은 계속될 것이다.